此书是重庆市社科联项目高职院校"4+3+N"一体化育人体系构建与研究实践（2020YBJY136）以及重庆市高等教育教学改革研究项目高职工科专业"课程思政"与在线开放课程翻转教学融合的研究与实践（192073）的阶段性成果

高职院校智能制造类专业课程思政案例精析及教学实施

叶　勇　邹冰倩　佟　莹
王　姗　袁　燕　洪慧慧　　著

西南交通大学出版社
·成　都·

图书在版编目（CIP）数据

高职院校智能制造类专业课程思政案例精析及教学实施/叶勇等著. —成都：西南交通大学出版社，2021.6
　　ISBN 978-7-5643-8055-7

　　Ⅰ. ①高… Ⅱ. ①叶… Ⅲ. ①高等职业教育 – 思想政治教育 – 研究 – 中国 Ⅳ. ①G711

中国版本图书馆 CIP 数据核字（2021）第 109505 号

Gaozhi Yuanxiao Zhineng Zhizaolei Zhuanye Kecheng Sizheng Anli Jingxi ji Jiaoxue Shishi
高职院校智能制造类专业课程思政案例精析及教学实施

叶　勇　　邹冰倩　　佟　莹
王　姗　　袁　燕　　洪慧慧　　著

责 任 编 辑	赵永铭
封 面 设 计	GT 工作室

出 版 发 行	西南交通大学出版社 （四川省成都市二环路北一段 111 号 西南交通大学创新大厦 21 楼）
发行部电话	028-87600564　028-87600533
邮 政 编 码	610031
网　　　址	http://www.xnjdcbs.com
印　　　刷	四川煤田地质制图印刷厂
成 品 尺 寸	170 mm × 230 mm
印　　　张	9
字　　　数	133 千
版　　　次	2021 年 6 月第 1 版
印　　　次	2021 年 6 月第 1 次
书　　　号	ISBN 978-7-5643-8055-7
定　　　价	58.00 元

图书如有印装质量问题　本社负责退换
版权所有　盗版必究　举报电话：028-87600562

前言

中国特色社会主义进入了新时代，当代青年承载着实现中华民族伟大复兴的重任。根据学生成长发展的规律，青年学生的"三观"尚未塑造定型，在如今开放的社会环境中，他们极易受到各种错误思潮的侵蚀。因此，高校有责任引导学生铸就坚定的理想信念、锤炼高尚的品德，将思想政治工作贯穿人才培养的全过程。

党的十八大报告首次提出"把立德树人作为教育的根本任务"。从全国高校思想政治工作会议到全国教育大会，再到学校思想政治理论课教师座谈会，习近平总书记多次围绕立德树人做了相关论述，强调把立德树人的成效作为检验学校一切工作的根本标准，发挥专业教师课程育人的主体作用，使各类课程与思想政治理论课同向同行，形成协同效应。课程思政正是基于党中央对高校思想政治工作高度重视的前提下，推动合力育人的创新模式。

教育不仅是提高社会生产力的一种方法，也是造就全面发展的人的方法之一。马克思、恩格斯关于人的全面发展的理论构成了课程思政的理论根基和根本价值目标。加强课程内涵建设，理应在课程中注入精神文化与思想动能，而课程思政建设为课程文化的发展提供了实践路径。

课程思政的基础在课程，重点在思政，关键在教师，重心在学院。实践中已经遇到了各类机制瓶颈问题，必须予以创新。当前，很多高校都已经将课程思政融入实际教学中，但很多教师仍会碰到诸多难点。例如，思想政治教育元素的挖掘是否深刻，思想政治教育元素与专业课程知识的结合是否有机，思想政治教育元素在教学中是否以及在多大程度上内涵式地融入了专业课程教学，教学的切入点是否合适，教学方法是否得当，教学语言是否合适，教学调控和评价是否合适，等等。

思想政治教育要素如何和专业知识点无缝对接，教学过程中如何做到润物细无声，如何提高育人效果，这些都是每个教师教学中重点要考虑的问题。相对文科专业，在工科和理科专业中实施课程思政更具挑战性。本书以高职智能制造大类中典型的四门课为例，提取对应知识点的思想政治教育元素，共列举了 88 个案例，每个案例后面注明了要达到的育人目标，由此引导广大教师在传授知识的同时开展好课程思政育人活动。

本书共有五部分内容。

第一部分主要从课程思政的教学目标设计、内容体系开发、教学方法选择、教学管理、教学评价五个方面来阐述"课程思政"如何进行设计与实施。第二部分主要针对"C 语言程序设计"课程中的专业知识，提取了以"中国芯"工程为代表的 21 个课程思政典型案例，涉及 C 语言程序设计入门、C 语言程序设计基础知识、基本数据的输入输出等专业知识点。第三部分主要针对"机械制图"课程中的专业知识，提取了以港珠澳大桥人工岛、武汉火神山医院建设为代表的 37 个课程思政典型案例，涉及投影法、三视图形成、轴测图等专业知识点。第四部分主要针对"传感器技术及应用"课程中的专业知识，提取了以汶川大地震见证中国力量、上海洋山深水四期码头为代表的 21 个课程思政典型案例，涉及应变片工作原理及其测量电路、变磁阻式传感器、电容式传感器及其原理、压电材料等专业知识点。第五部分主要针对"工程力学"课程中的专业知识，提取了以故宫的卯榫结构为代表的 9 个课程思政典型案例，涉及约束与约束力分析、空间力系的平衡、组合变形与压杆稳定等专业知识点。

本书由重庆电子工程职业学院叶勇团队共同完成。叶勇负责第二至五章的部分内容的撰写及全书统稿工作，邹冰倩负责第一章和第三章的编写，佟莹、王姗、洪慧慧、袁燕负责第二至五章其余内容的编写。

由于时间和水平的限制，本书可能存在不少缺点和欠考虑之处，诚恳希望读者朋友和各方面专家不吝赐教，给予批评指正。

作　者

于重庆电子工程职业学院

2020 年 12 月

目录

- 第一章　课程思政教学设计与实施 …………………………………001

- 第二章　"C 语言程序设计"课程思政案例 ……………………014

    1. "中国芯"工程（奋发图强/自主创新）………………………014
    2. "Hello，World"的由来（一丝不苟/勇于探索）……………015
    3. 神奇的二进制（辩证唯物主义/看待事物的角度）……………017
    4. 阿丽亚娜 5 型火箭事故（科学严谨/一丝不苟）………………018
    5. C 语言输出的图形（勇于创新）………………………………020
    6. 稀缺的淡水资源（保护环境）…………………………………022
    7. 让垃圾分类成为新风尚（保护环境）…………………………024
    8. 学税懂税，不分年龄；依法纳税，你我同行
       （诚信/遵纪守法）………………………………………………024
    9. 节能减排，阶梯电价（节约/绿色生活）………………………025
    10. 日积月累，必有所得（持之以恒/方得始终）…………………027
    11. 历史悠久的"九九歌"（节约资源/保护环境）………………028
    12. 斐波那契，黄金比例（以身作则/言传身教）…………………029
    13. 一寸光阴一寸金（珍惜光阴/活有价值）………………………031
    14. 兵马未动，粮草先行（做人做事要有规划）…………………032
    15. 物以类聚，人以群分（环境对三观的养成重要性）…………033
    16. 德才兼备，品学兼优（品德修养的重要性）…………………034

17. 2008年北京奥运会（个人与中华民族伟大复兴）……………035
18. 自助图书馆（做人做事要有规划）………………………036
19. 为什么要引入指针（反思总结和团队协作）……………038
20. 最可爱的人（个人与集体的关系）………………………039
21. 大数据时代下的信息安全（信息安全保护）……………040

• 第三章 "机械制图"课程思政案例 ……………………042

1. 一个尺寸符号错误导致数百万经济损失（严谨求实）………042
2. 没有规矩，不成方圆（遵纪守法）………………………043
3. 圆周率的来由（精益求精）………………………………044
4. 从《显微制图》中学习科学家的"工匠精神"（工匠精神）··045
5. 时间的刻度（珍惜时间，珍惜生命）………………………046
6. 古诗——《题西林壁》（多角度分析思考问题/方法论）………047
7. 化简为繁，推动图学知识发展（方法论/认识论）……………047
8. 解开金字塔"永恒的象征"背后的秘密
   （精益求精的工匠精神）…………………………………048
9. 港珠澳大桥人工岛（中国首创精神）………………………049
10. 地球标准照——中国版"蓝色弹珠"（中国力量的体现）……051
11. 全球最佳高层建筑——央视大楼（中国精神）…………051
12. 临高角灯塔和守塔人的故事（厚植家国情怀）…………052
13. 武汉火神山医院建设（中国速度/中国力量）……………054
14. 3D立体斑马线（遵纪守法）………………………………055
15. 轴测图在《清明上河图》中的应用（传承民族文化）……056
16. 从一支太空笔的设计体会化繁为简的智慧（方法论/三观）·057
17. 大国工匠手中的神奇"画笔"（脚踏实地/循序渐进）……058
18. 测量系统单位不同，导致卫星迷失太空
    （认真负责/踏实敬业）…………………………………059
19. 飞机楼的联想（中国梦/强国梦）…………………………059
20. 从递东西的细节中体会换位思考（换位思考/人性修养）……060

21. 月背剖面图（大国航天崛起） ·· 061
22. 火车钢轨的截面形状表示（中国制造） ··························· 063
23. 论标准的重要性 ··· 064
24. 销钉脱落故障，引发世界首次 660 千伏带电作业
    （细节决定成败） ·· 066
25. 中国古代齿轮的应用（团队合作意识） ··························· 067
26. 大直径国产主轴承助力盾构机完全国产化
    （细节决定成败） ·· 068
27. 弹簧的发明和应用（科学探知/永无止境） ······················· 070
28. 12 年打造一颗"中国心"（付出必有收获） ······················ 071
29. 尺寸标注合理性分析（学会换位思考问题） ···················· 072
30. 一个高温熔点导致价值数百万的桨毂报废
    （细节决定成败） ·· 073
31. 从箭镞看秦朝的统一技术标准（民族文明） ···················· 074
32. 上海市第三中级人民法院首起侵犯商业秘密案
    （职业道德） ·· 075
33. "新海旭"号挖泥船实现系统 100%国产化
    （科技创新/强国筑梦） ··· 076
34. 标准为中国质量作证（国家话语权的建立） ···················· 077
35. 螺钉松动，导致大众汽车召回事件（精益求精） ··············· 078
36. 大国工匠重现旷世兵马俑（大国工匠精神） ···················· 079
37. 装配式建筑（节约资源，保护环境） ······························ 081

• 第四章 "传感器技术及应用"课程思政案例 ····························· 083

1. 2019 中国国际智能产业博览会
   （中国智能化升级正在凸显） ······································· 083
2. 美国火星探测器神秘消失（细节决定成败） ······················ 084
3. 关爱老年人（传承中华民族优秀传统——孝道） ················ 086

4. 哈尔滨工业大学自主研制传感器设备检测运载火箭
   （爱岗敬业） ··· 087
5. 电子秤是国家强制检定的计量器具（公平公正公开） ········ 089
6. 货车超重导致无锡高架桥侧翻（安全意识/生命至上） ········ 090
7. 北京地铁四号线自动扶梯故障（安全意识/生命至上） ········ 092
8. HURWA 全膝关节手术机器人（自主研发/强国梦） ············ 093
9. 和平年代的危险事业——排雷
   （不怕困难的精神/民族英雄） ··· 095
10. 黄昆荣获中华人民共和国最高科学技术奖
    （崇尚科研/正确人生观） ·· 096
11. 川航 3U8633 航班生死备降
    （始终将国家财产和人民生命安全放在第一） ···················· 097
12. MEMS 技术试验卫星顺利发射升空
    （青年强则国家强） ·· 099
13. 汽车尾气污染环境（保护环境） ·· 100
14. 汶川大地震见证中国力量（社会主义制度优越性） ············ 101
15. 天津滨保高速公路特大交通事故（遵纪守法） ···················· 103
16. 上海洋山深水四期码头（中国制造/中国创造） ···················· 104
17. 2008 年北京"绿色奥运"（环境保护/节约资源） ················ 106
18. 工业排放是大气污染第一大排放源
    （环境保护/节约资源） ·· 108
19. 众志成城，防控疫情（团结/友爱/互助） ····························· 109
20. 钟南山抗疫瞬间（爱国/护国） ··· 110
21. 中华人民共和国成立 70 周年盛大阅兵（强军/强国） ········· 112

• 第五章　"工程力学"课程思政案例 ···································· 115

1. 敢"撬起整个地球"的阿基米德
   （大胆创新/科学质疑/敢于挑战） ·· 115
2. 法律的约束（树立正确的法律意识） ································· 116

3. 故宫的榫卯结构（传承优秀传统文化/古代文明）………… 117
4. 非遗明珠：达瓦孜（不断挑战难度和高度的精神）………… 120
5. 茅以升炸桥（保护历史文化遗产）………………………… 121
6. 起重机吊耳断裂 载荷坠落造成伤亡
   （严谨求实/安全意识）…………………………………… 124
7. 重庆地铁"成长日记"
   （装备制造业的快速崛起/国力强盛）…………………… 126
8. 世界第一拱桥——重庆朝天门长江大桥
   （中国速度/民族自豪感）………………………………… 128
9. 大坝的形状（民族自豪感/使命感/责任与担当）………… 130

参考文献 ……………………………………………………… 133

第一章

课程思政教学设计与实施

2020年5月，教育部颁布了《高等学校课程思政建设指导纲要》（以下简称《纲要》），明确了课程思政的开展路线。贯彻落实《纲要》精神，需要通过"课堂教学"这一"主渠道""将课程思政融入课堂教学建设全过程"。课程思政教学旨在将价值塑造、知识传授、能力培养融为一体，寓价值观引导于知识传授和能力培养之中，帮助学生塑造正确的世界观、人生观、价值观。设计课程思政教学，必须紧紧围绕这一目标，以《纲要》为依据，坚持以学生为本的原则，以激发学生课程思政学习兴趣、引导学生深入思考、丰富学生学习体验与提升学习效果为指向，科学设定教学目标，优化课程思政内容供给，创新课程思政教学方法，改进课堂教学管理，科学进行教学评价，进而推动课程思政"卓越教学"，塑造课程思政"高效课堂"。

一、课程思政的教学目标设计

《纲要》要求："要根据不同学科专业的特色和优势，深入研究不同专业的育人目标"，教学上要"落实到课程目标设计"。贯彻这一要求，需要研制专业的思想政治教育目标，形成具体专业课程的思想政治教育目标，细化为课堂的思想政治教育教学目标。

1. 专业的思想政治教育教学目标设计

体系化的专业课程思想政治教育教学目标的确立，能有效克服专业课程在教学目标设置上"各自为战"和重复（内耗）的问题。而研制体系化的专业思想政治教育教学目标是一项集体性工作，需要学校课程思政领导小组专家、专业负责人、专业课程负责人、思想政治理论课教师，基于课程思政首席教师负责制，从以下三方面开展合作。第一，立足专业课程的课程布局和课程特征，形成专业课程的思想政治教育教学目标框架。在每个专业的课程体系中，既有思想政治教育元素的富矿（尤其是部分基础课程），也有尚待发掘的富含思想政治教育元素的"璞玉"，因而需要在马克思主义理论学科专家的协作下，由专业负责人、专业课程负责人依据《纲要》关于课程领域的思想政治教育主题建议，深入梳理和挖掘具体课程的思想政治教育元素，通过科学研讨，形成专业课程的思想政治教育教学目标框架。第二，解决专业课程的思想政治教育教学目标与思政课程目标的有机协同问题，对专业课程群的具体目标进行细化，形成专业课程群的目标体系。课程思政与思政课程的"同向同行"，必须体现在教学目标的设定上，只有目标一致，二者才能各司其职并形成"合力"。因而，双方的课程负责人、马克思主义理论学科专家应将专业课程具体的教学安排（进度）与思政课程的具体安排进行协调统筹，落实具体专业课程的思想政治教育教学目标。第三，构建具有逻辑性的、体系化的专业课程的思想政治教育教学目标。必须进行集体协作，解决好几个问题：思想政治教育主题在专业课程群分布（结合课程安排的顺序）中的内在逻辑问题，知识点分布及层次的问题，不同类型课程的教学目标问题，不同课程之间涉及某一个思想政治教育主题时教学目标该怎么设定的问题，针对同一思想政治教育主题的公共基础课、专业教育课、实践课程的教学目标的设计问题，等等。

2. 专业课程的思想政治教育教学目标设计

《纲要》要求："高校课程思政要融入课堂教学建设"，要"落实到课程目标设计"。毋庸置疑，体系化专业课程的思想政治教育目标的确定，并不意味着具体课程的思想政治教育教学目标已经形成，需要课程负责人、思想政治理论课教师、专业课程教师开展合作，从学生的知识、能力、情感、态度、价值观等维度，对专业课程的教学目标进一步细化。具体而言，需要处理好三个问题。第一，对思想政治教育元素进行具体开发，立足于课程思政与思政课程协同的理念，设定具体章节的思想政治教育教学目标。课程思政与思政课程在教学实践中并不是"亦步亦趋"的，但在整体节律上要保持内在的一致性和关联性。因而，在进行具体章节的思想政治教育教学目标设计时，除了考虑要与思政课程的协同外，还要立足本章节的思想政治教育元素开发、课型等，设定具体的思想政治教育教学目标和侧重点。第二，梳理各章节的思想政治教育教学目标的内在逻辑。在梳理各章节的思想政治教育教学目标时，要注意两个问题：一是体现一定的逻辑性，即顺序性；二是在涉及同一思想政治教育主题的教学上，要注意层次性和视角的选取，以利于提升思想政治教育教学的实效。第三，将具体的教学目标写入教学大纲，确定具体课程的思想政治教育教学目标体系。具体章节的思想政治教育目标体系化之后，需要与专业课程的目标体系结合，写入教学大纲和教学日历，进而形成"专业课程思政"教学大纲。

3. 单次课的思想政治教育教学目标设计

专业课程的思想政治教育目标的实现，必须立足课堂教学。因此，依据"专业课程思政"教学大纲，研制具体章节的教案，确定每节课的思想政治教育教学目标以及与其对应的教学评价体系。每节课的思想政治教育教学目标，来自对课程思政教学目标的具体分解，而这种分解是视对每节课专业知识点所蕴含的思想政治教育元素的挖掘情况而定的。第一，是否可以"有机融入"？课程思政教学应依托课程，因此应注意在目标设定上关注课程知识点的思想政治教育负载空间和张力。在此前提下，要注意"有机融入"并不是模糊的，而是一种可描述、可控、可调、可评价的"融入"。也就是说，单次课的思想政治教育教学目标的设定必须基于"学情"，具体呈现在教案中。唯有如此，才能对学生发展也就是课堂教学效果进行科学评价。第二，是否可实现？鉴于对不同章节思想政治教育元素挖掘深度的不同、课程所需课型以及教学方法的差异，单节课的思想政治教育教学目标应"因地制宜""因时制宜"，而不应该僵化。具体教学目标的设定，应该立足可实现的维度、程度等，以保证课程思政教学的有效性。第三，是否可评价？要以"评价"为导向，从知识、能力、情感、态度、价值观维度进行描述，要对目标达成的层次进行分级。

二、课程思政的内容体系开发

与教学目标设计不同的是，专业课程的思想政治教育内容体系建设，需遵循"上行—下行"的复合路线。"上行"路线为：结合《纲要》，深入挖掘并形成较为粗放的思想政治教育素材库—深入梳理并形成各门具体课程的思想政治教育知识体系—进一步深入梳理并形成专业的思想政治教育知识体系和图谱。"下行"路线为：专业的思想政治教育知识体系和谱系—具体化为专业课程群的思想政治教育知识布局—形成具体专业课程的思想政治教育知识体系—通过有机融入设定具体章节的课程思政教案。

1. 由深入挖掘而上行至深入梳理，形成专业课程的思想政治教育知识图谱

自下而上的总结提炼，遵循了归纳的路径。这种科学的归纳，也为后续更为顺畅地演绎奠定了基础，能够有效克服在专业课程中生硬嵌入思想政治教育的弊端。第一，深入挖掘，充分呈现专业课程的思想政治教育元素，形成课程的思想政治教育体系"毛坯"。显然，专业课教师应该在马克思主义理论学科专家的帮助下，结合《纲要》，通过合作深入分析和发现各知识点的思想政治教育"矿藏"，初步实现模块化梳理。第二，梳理并形成各门具体课程的思想政治教育知识体系。通过与马克思主义理论学科专家合作，结合《纲要》精神和要求，依据思政课程的知识体系逻辑，通过初步梳理，形成较为粗放的具体课程的思想政治教育内容体系。值得注意的是，在梳理过程中，不应作"取舍"——后续对专业课程的思想政治教育知识体系进行梳理时，需要对课程群进行系统协调。第三，进一步深入梳理并形成专业的思想政治教育知识体系和图谱。深入梳理包含两层意思：对各门课程包含的思想政治教育知识体系进行分析，形成课程思政知识的框架；对各门具体课程进行分析，确立思想政治教育教学重点。而梳理并形成体系化的专业课程思政教学内容，需要解决以下问题：确立专业的思想政治教育内容框架、基于统筹协调确立具体课程的思想政治教育内容、构建学科专业特有的结构化的课程思政知识图谱。在梳理过程中，必须处理好以下几个问题：对于各门课程所

呈现的带有生硬嵌入色彩的或牵强附会的思想政治教育知识点，应该删除；在不同课程之间重复的主题，应该确定思想政治教育教学的层次、维度、侧重点，以促进课程之间的协调、协同。

2. 由"专业的课程思政知识图谱"下行，二次开发形成具体课程的思想政治教育知识体系与图谱

由"专业的课程思政知识图谱"下行至具体课程的思想政治教育知识体系的二次开发，是一个演绎的过程。在这一过程中，课程思政研制小组应重点解决好以下几个问题：第一，对深入挖掘并形成的思想政治教育知识点"毛坯"进行二次开发。结合专业课程的思想政治教育知识图谱，做好两项工作：深化和细致化。就深化而言，要确定具体的思想政治教育知识点的具体位置，针对对应的教学目标进行再次挖掘。就细致化而言，需要结合教学目标确定思想政治教育知识点的教学层次、维度、侧重点，建立思想政治教育知识点之间的关联，形成育人主线。第二，形成专业课程的思想政治教育知识体系。通过二次开发、二次梳理，"结合不同课程特点、思维方法和价值理念"，形成具有课程特色的思想政治教育知识体系。第三，形成专业课程的思想政治教育知识点布局。依据学科专业课程的思想政治教育知识图谱，根据课程进度、教学计划，基于思想政治教育知识点的内在逻辑，形成课程特色的知识图谱，为后续设计教案提供支持。

3. 单次课的思想政治教育内容开发与呈现：有机融入与二次开发

具体到单次课的教学，必须解决具体的思想政治教育教学内容的开发问题。按照课程思政的思想政治教育知识的形成逻辑，单次课的思想政治教育教学内容开发应基于二次深入挖掘、深入梳理和有机融入三法则进行。第一，依据具体课程的思想政治教育知识图谱，对既有"毛坯"进行二次挖掘和梳理。二次挖掘需要结合对学情、教学背景的综合把握，基于具体课程的思想政治教育知识图谱，对初次挖掘的"毛坯"进行精雕细琢，既有取舍又有延伸。取舍是为了"聚焦"，而延伸主要从学生的知识、能力、情感、态度、价值观等维度进行立体开发。第二，基于思想政治教育逻辑的"回填"，实现有机融入。值得注意的是，对"毛坯"

的挖掘是基于专业课程知识点的，也就是说这种思想政治教育元素是长在课程知识点上的，一旦全面剥离出来，必然影响教学效果。如果原样"回填"，又可能无法实现思想政治教育功能。因而，这种"回填"实际上是一种基于前述思想政治教育知识点"精雕细琢"的科学融入，通过对最佳"触点""融点""切入点"的设计，让专业知识自己说话，展现出思想政治教育主题，如专业知识点背后的"故事""人物""现象""问题"等。唯有如此，才能寓价值观引导于知识传授和能力培养之中，引发学生思考，帮助他们树立正确的世界观、人生观、价值观。第三，基于科学的梳理、布局，将思想政治教育知识点呈现于教案中，为后续教学、评价等提供支持。

三、课程思政的教学方法选择

创新教学方法，提升教学效能，旨在激发学生学习兴趣，引导学生深入思考，提升学习体验，最大限度地发挥专业课程的价值引领作用。通过教学方法创新，让课堂更有亲和力、气氛更活跃，进而实现高效的"师生互动""生生互动"，使道理越理越清、价值越阐发越澄明、思想进入越来越深刻，最终提升思想政治教育的效能。根据《纲要》，结合前述研究，可将课程思政的主题分为四类，以下分别就不同主题及教学方法选择进行探讨。

1. 问题澄清与道理阐明类思想政治教育主题及教学方法选择

在课程思政教学中，必然涉及一些基本的思想政治教育知识点，这些知识点在思想政治理论课中也有涉及，但脱离具体情境就无法讲清楚。而这类主题均为专业课程的思想政治教育问题，学生应掌握并能结合专业课程进行理解和运用。在这种主题的教学中，要坚持价值性和知识性相统一，即在帮助学生掌握知识的同时，实现价值观引导；要坚持政治性和学理性相统一，以学理性分析帮助学生明晰思想政治教育知识的内涵，同时以彻底的思想政治理论说服学生，用真理的强大力量引导学生。教师应该厘清这类主题与学生既有知识结构、生活经验以及社会现实之间的关联，激发学生的学习兴趣。

2. 行为规约类思想政治教育主题与教学方法选择

部分思想政治教育主题以一种"规约"的形式呈现，主要目的在于帮助学生根据所学专业进行自我约束：立足专业的"真"问题，明确为何、如何自我约束。以《纲要》中提出的"理学类专业课程，要注重科学思维方法的训练和科学伦理的教育"为例，选取"科学伦理"主题，首先要找到适当的"植入点"，可以具体到"科研诚信"的主题，在概论或研究规范部分切入，以解决以下问题：学生应如何结合专业学习与研究，掌握科研要求与规范？如何遵守科研规范？前一问题，可采取讲授法、案例研讨法。其中，案例应经典、多样。后一问题，则需将科研规范要求穿插在研究各环节、主题讲授中。同时，可以采取小组讨论法、问题教学法等教学方式，帮助学生思考如何在自己的科研工作中遵守科研规范。

3. 情怀培养、精神涵养思想政治教育类主题与教学方法选择

"情怀""精神"类主题，在《纲要》中多次出现。这类主题适用于各类专业课程，因而必须紧密结合专业知识教学，以免"泛化"和同质化。情怀培养与精神涵养类主题教学要注意三个重点：科学认知与思想层面触动、上升到精神层面、化为行动。以"家国情怀""民族精神"为例，学生多"耳熟"而未"能详"。教学中应以讲授法为主、案例教学法为辅，让学生"能详"并在情感上产生触动；可借助多媒体等，采取情境教学法，让学生代入情境，产生情感"共鸣"和精神"共振"。就第二、三方面而言，可以结合专业中的具体问题，"延伸"到家国情怀、民族精神。如理学、工学、农学等，必然会涉及大量与中国科学家有关联的成果，这些都是思想政治教育教学的最佳切入点。可采取案例教学、情境教学或者小组讨论等方法，解析经典案例背后的情感密码、精神密码，让学生进入故事情境，深刻领会家国情怀、民族精神在实现中华民族伟大复兴中的作用，引导学生向更深处探寻，明确立足专业领域"我应该如何"，以避免出现"听着感动、想着激动、落到实践不能动"的问题；也可立足专业维度，设立大学生暑期实践主题，从探寻历史、深入伟人

的精神家园等角度，以研究性学习的方式，让学生通过"发现"接受精神洗礼，进而落实到行动上。

4. 问题应对类思想政治教育主题与教学方法选择

如何认识、分析专业领域的各种新问题、新现象，并形成自己的立场、观点、态度、处理方法，是课程思政教学中需要为大学生解决的。这类主题渗透在《纲要》所强调的"课程思政建设目标要求和内容重点"中，对应的教学要解决三个方面的问题，即立场与态度、应对策略、行动，实质上就是要在传播马克思主义立场、观点、方法的基础上用好批判的武器，直面各种错误观点和思潮，旗帜鲜明地进行剖析和批判。比如，在引导学生应对某些西方国家对我国新冠肺炎疫情防控实践的污蔑、诋毁时，应该采取何种教学方式（以医学、生物专业为例）？解决立场与态度的问题，必须立足专业，结合掌握的各种信息，采取专题讲座或授课的形式，对新冠病毒进行全面而系统的分析，以实事求是的科学态度，帮助学生明确新冠病毒的来源尚未确定，某些西方国家的污蔑是毫无根据和别有用心的。关于应对策略的问题，可采取小组合作学习、情景展示、课堂辩论、探究学习等方法，发挥学生的主体性作用，让学生发挥信息技术特长，收集各种材料，从科学角度和事实角度，有理有据地回应各种关于新冠病毒的谣言和某些西方国家的污蔑。关于行动问题，可采取研讨式教学，引导学生立足专业知识和相关研究动态，反观自己的专业理想与学习情况，在实践中破解专业难题。

四、课程思政的教学管理

《纲要》指出，提高"课程思政内涵融入课堂教学水平"，关键在于"课堂教学管理"。因此，必须立足课程思政"高效课堂"建设，塑造"有温度""有思考张力""有亲和力"的课堂氛围，让课程思政教学过程流畅，发挥最佳育人效果。

1. 形成科学的融入通道：课程思政教学安排

要实现课程思政"内涵融入"课堂教学，进而提升学生的学习效果，就必须处理好教学中思想政治教育体量安排、切入时机与方式选择、教学活动组织等方面的关系。毋庸置疑，思想政治教育元素在教学中应采取"显""隐"相结合的形式。必须注意的是，"显"不是强制嵌入，而是在合适的知识点（思想政治教育元素的"富矿"）、合适的时机（学生进入积极学习状态）"进入"，并保持合适的体量。就体量而言，应该立足"精"（唯有"精"，才可能"深""透"）。当然，具体多少才算合适，需要教师综合考虑学生的学习效果、教学方法、切入点与时机等。

2. 构建科学的融入方式：思想政治教育主题的切入

思想政治教育进入专业课程最理想的方式就是"自然生成"，即由某个专业课程知识点自然切入，做到水到渠成。切入方式要巧妙自然，"巧妙"是指平滑过渡，不至于因过于直白而变成说教；设计"精巧"，不至于因开口大而导致易放难收。具体而言，可采用以下方法：创设问题，即设置涉及专业领域的思想政治教育问题，引发学生思考，或组成小组讨论；用事件或案例导入，即用与专业知识点相关的事件，从具体的思想政治教育维度切入，阐述其背后的思想政治教育功能，促进讨论；用故事导入，结合有故事的专业知识点，引导学生进行探索；情境导入，即基于情境预设，引导学生进入情境，逐步推出思想政治教育主题；比较导入，如专业知识层面的中外对比，导入"责任感和使命感"或"民族精神"等思想政治教育主题。在切入时机选择上，应凸显有预设的"生成"色彩，即有预设但不机械。时机选择应考虑学生的学习状态、专业课程运行情况（以不影响专业知识内在逻辑表达为前提）等。

3. 提升融入效果：课程思政教学活动的组织

除了正常讲授与互动外，课堂教学中需要灵活采用多种形式，以提升融入程度与学习效果。必须注意的是，在每节课前提供给学生的材料中，要明确提出课程思政问题，为学生预留思考的时间和空间。就形式而言，第一种是常态化的课堂讨论，具有随机发言和对话性质，即话题由专业课教师发起，并初步形成基本讨论路线，学生基于课前准备随机发言、发问，教师作出回应并引导学生进一步思考、探讨。第二种是"微专题研讨"，学生可在教师指导下，根据课前准备进行讨论，在较短时间内进行交流和讨论，促进学生进一步思考。第三种是对话，即聚焦某领域内某一事件或专题，从事件本身说起，逐渐进入事件背后蕴含的思想政治教育元素，侧重"师生对话""生生对话"。第四种是"小组合作学习"。这一形式适合小班的主题式课程思政教学。教师提出明确的思想政治教育主题，要求学生基于前期准备，采取合作方式，从不同维度分析、阐述、补充并得出完整结论。这种组织形式往往需要较多时间，应穿插在专业课程的序列研讨中，更适用于复习教学等。

4. 提升融入的针对性和有效性：课程思政的教学调控

《纲要》指出，要"改进课堂教学过程管理"。因此，基于丰富学生学习体验和提升学习效果的目标，科学推动课程思政教学全过程管理是一项重要而紧迫的任务。第一，课前沟通：基于互动的预设。专业课教师在课前应与学生进行有效互动，并形成思想政治教育预设。教师在课前发放给学生的预习材料中，应将思想政治教育元素、话题预先呈现给学生，并收集相关反馈信息，对教案进行修改完善，以确保预设符合学生需求，进而科学、有效施教。第二，基于学生学习体验立场，及时优化教学。专业课程学习本来就有较大的知识学习、能力发展压力，而思想政治教育元素的加入，必然在体量上"增压"。教师应采取相应方法，让体量"增压"基于"结构变化"引发"质变"，达到"减压"的目的。教师要不断优化教学流程，降低学习的复杂程度和进入难度，使思想政治教育元素由增加的"体量"要素变成课程知识自身调节要素，使学习过程更为紧凑和流畅。同时，教师应基于对学生学习状态及情绪的把握，实时介入，提升学习效能。此外，教师要善用语言，使学习过程变得愉悦、轻松。生动、幽默、有趣的语言，无疑能够化解课程自身的枯燥，也能够将专业课程中承载的思想政治教育元素变得生动、有趣，使思想政治教育元素的融入自然而有效。实时对学生发展给予有效反馈，让学生感受到成功的喜悦，也是课堂调控的目的。第三，基于学生发展目的，善于关注、倾听、调控。教师要关注学生学习状态、情绪变化，与学生进行必要的沟通交流，建立起相互信任、和谐的师生关系。教师应积极"倾听"，并与学生就思想政治教育问题进行对话，及时有效地引导学生得出正确的结论。值得注意的是，学生在课堂上提出与主流价值观相违背的观点时，教师应及时介入，纠正学生的错误认识。

五、课程思政的教学评价

《纲要》指出："人才培养效果是课程思政建设评价的首要标准。"科学的评价应该立足于课程或专业，凸显对学生发展过程的考察，并将考察结果运用到教师的教学反思与改进等方面。

1. 基于学生课程思政学习效果的层级设计评价

课程思政评价，应立足于学生的知识、能力、情感、态度、价值观等方面的发展情况，充分及时反映学生成长成才情况，凸显评价的人文性和综合性。第一，学生思想政治教育知识发展评价。课程思政知识考查，应关注两个方面，即思想政治教育知识自身、基于专业立场对思想政治教育知识的理解，前者关注的是明理程度，后者关注的是结合程度。第二，学生思想政治教育运用能力发展。课程思政教学所形成的知识运用能力，是指将思想政治教育知识与专业知识、专业方法相结合，系统地认识、分析问题并具体应对（态度、行为、言论）的能力。这种能力更为独特（专业特色），也更具有长久性和连续发展性。因而，评价应聚焦学生基于专业立场运用思想政治教育知识分析与解决问题的能力，基于专业行为对思想政治教育知识的运用能力。第三，学生的情感、态度、价值观发展。《纲要》指出，课程思政"要寓价值观引导于知识传授和能力培养之中，帮助学生塑造正确的世界观、人生观、价值观"。情感、态度、世界观、人生观、价值观无疑是课程思政的根本追求，因而评价也应该以此为核心。

2. 基于学生思想政治素养发展的过程实施评价

课程思政教学效果评价，应将客观量化评价与主观效度检验相结合，注重过程评价、动态评价，反映课程思政教学中知识传授与思想启迪、价值引领的结合程度，以科学评价提升教学效果。第一，多主体参与的评价模式。评价主体应包括专业课教师、同班同学、辅导员，其中专业课教师应立足过程性材料（含学生表现）、结果性材料进行综合评价，适当显示内在区分度（更注重描述性评价）。评价必须指明"短板"。而其他主体的评价则主要来自学生的表现，要有具体描述。第二，评价方法：以过程为主、结果为辅。课程思政评价应采取以形成性评价为主的方法，即过程性评价。这种评价不仅能够全面反映学生的发展情况，而且能在很大程度上避免与思政课程"撞车"的问题。教师应基于学生学习中的表现，侧重采取描述性评价，从不同维度对学生的表现进行记录、描述，以准确反映学生的变化。此外，小组讨论记录、小作业和发言记录都可以作为评价依据。适度采用终结性评价，可以反映学生发展的阶段性成果。结合课程所撰写的论文、调查或研究报告，都可以作为评价依据。这种评价可以与学生自己的预期、教师课程设计的预期相结合，不仅能反映学生的真实水平（为后续课程思政提供支持），而且能作为教师反思教学的重要依据。

3. 课程思政教学评价的运用：基于评价—反思—改进的路径

基于学生发展情况，对教学进行反思、改进，是专业课教师的一项重要任务。首先，要基于评价对教学进行反思。主要反思以下几个问题：思想政治教育元素的挖掘是否深刻，思想政治教育元素与专业课程知识是否有机结合，思想政治教育元素在教学中是否以及在多大程度上内涵式地融入了专业课程教学，教学的切入点是否合适，教学方法是否得当，教学语言是否合适，教学调控和评价是否合适，等等。可采取个体反思、同一专业课程教师的集体反思、备课组集体反思、邀请专家参与评价等方法。反思可以采取过程评价反思与终结性评价反思两种模式。其次，要结合反思进行教学改进。基于两种课程思政教学评价，应该采取两种"反思—改进"模式。一种是"四边"模式，即"边教学—边评价—边反思—边改进"。针对过程性评价，教师可以采取实践中不断完善的方法。其好处在于，教师能结合课程教学，不断优化教学设计、教学方法和内容安排等。在"四边"模式中，专业课教师可引入"教学观察"来改进教学：邀请专家参加教学观察前，讨论并提出困惑—专家进入教学观察并形成评价报告—教学观察后,基于会议的集体反思提出改进建议。结果性评价反思更侧重于集体反思:横向比较—提出问题—反思不足—提出改进策略。对于专业课教师来说,只有通过反思,才能不断提高对课程思政的理解、把控,进而提高教学设计与实施的能力。

第二章

"C语言程序设计"课程思政案例

1. "中国芯"工程（奋发图强/自主创新）

【对应知识点】为什么要学习C语言

【思政元素案例】"中国芯"工程

芯片作为集成电路的载体，广泛应用在手机、军工、航天等领域。但是，我国在芯片领域却长期依赖进口，缺乏足够的自主研发能力。中国是世界上第一大芯片市场，但芯片自给率不足10%。2017年，芯片进口金额超过2 500亿美元，进口额超过原油加铁矿石进口额之和。

国外巨头依靠在芯片领域长期积累的核心技术和知识产权，通过技术、资金和品牌方面的优势一直占据着集成电路的战略要地，特别是芯片生产环节中的制造技术、设计能力和编码技术等。

"中国芯"（图2-1）工程是在工信部主管部门和有关部委司局的指导下，由中国电子工业科学技术交流中心（工业和信息化部软件与集成电路促进中心，简称CSIP）联合国内相关企业开展的集成电路技术创新和产品创新工程。自2006年以来，其一直秉承"以用立业、以用兴业"的发展思路，旨在搭建中国集成电路企业优秀产品的集中展示平台，打造中国集成电路高端公共品牌。

图2-1　"中国芯"

【案例分析】

习近平指出，创新是引领发展的第一动力。中国的发展历史告诉我们，落后就要挨打。因此，芯片强国的战略已刻不容缓。

芯片的研发离不开程序语言的学习，在这门课程当中，我们将敲开神秘的计算机世界之门，探索它的历史，解读它的基本原理，讨论它未来的发展趋势；同时我们还将学习 C 语言这一经典的编程语言，开启我们充满趣味与挑战的程序设计之旅。

【育人功效】

综合案例引入和本节 C 语言发展知识，可以看出科技的发展需要几代人的不断努力，青年人要树立崇高远大的理想，从我做起，勤奋学习，勇于创新。

（1）教育同学们要认真学习计算机程序设计，为实现中华民族伟大复兴的中国梦而努力。

（2）自主创新对国家和社会发展具有重要作用。自主创新要求我们从身边的小事做起，增强自主创新意识。

2. "Hello，World" 的由来（一丝不苟/勇于探索）

【对应知识点】 C 语言程序设计入门

【思政元素案例】 "Hello，World" 的由来

基本上，每个人在学习编程时，第一个程序都是输出 "Hello，World" 这句话。不过，大家想过没有，为什么几乎所有编程语言都不约而同地遵守这个"传统"呢？

"Hello，World" 程序是指在计算机屏幕上输出 "Hello，World" 这行字符串的计算机程序，"Hello，World" 的中文意思是"你好，世界"。这个程序因在 Brian Kernighan 和 Dennis M. Ritchie 合著的 *The C Programming Language* 中使用而广泛流行。因为它的简洁、实用，后来的程序员在学习编程或进行设备调试时延续了这一习惯。

"Hello，World"是一个功能非常简单的程序，它仅命令计算机向外界打印"Hello，World"这句话。一般来说，它是开发人员用来测试系统的第一个程序。而对于程序员来说，这就是一个重大事件。也许有些人还没有意识到这一点，但是，当一名新程序员清除完一些障碍顺利抵达"Hello，World"时，就意味着他们的代码可以编译、加载、运行。屏幕上输出"Hello，World"意味着初学者与计算机交流成功，常常会感到非常兴奋。他的内心体验到的不仅仅是一种成功的喜悦，更重要的是，他正在亲身经历一个跨越历史的时刻。

【案例分析】

随着信息技术的发展，编程越来越重要。计算机的发展可以说与编程语言密不可分。"Hello，World"的延续到如今，更多地表达了对前辈的纪念，也延续着编程语言的初衷，走进编程，走进一个不一样的世界。正如破壳的小鸡来到一个新的世界一样，每一个初学编程语言的人，就像来到一个新的世界，以"Hello，World"向一个新的代码世界打招呼。"Hello，World"含有对世界保持好奇心、不断探索新世界的意思。这是每一个程序员都应具有的一种精神！

【育人功效】

综合案例引入和本节 C 语言程序结构知识，我们认识到再简单的 C 语言程序，要想运行成功，都必须遵循严格的格式及语法要求。

（1）好奇心激发人类不断探索未知世界。人因为有好奇心，才有求知欲，才有动力去探索未知的领域，久而久之才更接近真理。个人的进步，需要好奇心不断驱动；人类社会的进步，仰赖于千千万万的好奇心合力推动。

（2）"Hello，World"看似是简单的一个 C 语言程序，背后彰显的却是每一个程序开发人员认真务实、一丝不苟、勇于探索的精神。

3. 神奇的二进制（辩证唯物主义/看待事物的角度）

【对应知识点】学习 C 语言的必备知识

【思政元素案例】神奇的二进制

我们现在用的数字是阿拉伯数字 0，1，2，3，4，5，6，7，8，9。阿拉伯数字其实是印度人发明的，只是经过阿拉伯人传入欧洲，欧洲人并不知道这些数字的真正发明人是印度人，把功劳给了阿拉伯人，所以欧洲人叫它阿拉伯数字。阿拉伯数字是十进制的，就是逢十进一位，9 在加 1 的时候就变成了 2 位数 10。为什么是十进制，不是八进制，十二进制呢？因为古印度人是掰手指计数的，人类刚好有十个手指，所以就用十进制，如果人类有十二个手指，那么我们可能就用十二进制了。

那计算机为什么不用十进制，而采用二进制呢？这是因为计算机内部是由 IC（集成电路）组成的，集成电路两侧有很多个引脚，每个引脚只有直流电压 0 V 或 5 V 两个状态，也就是说 IC 的一个引脚，只能表示 0，1 两种状态（图 2-2）。所以说，不是计算机想用二进制表示，而是计算机没办法，只能用二进制表示。那么二进制是不是没有十进制优秀呢？我们现在用电脑看的网页、听的音乐、看的视频、玩的游戏，这背后的一切信息都是一串串 0 和 1 的组合变化而来，是不是很神奇？两个简单的 0 和 1 居然变化出了如此缤纷多彩的世界。

图 2-2　二进制表达示意图

【案例分析】

极致的思维，简约的表达，学会了简单，其实真的不简单。此谓大道至简，精于心、简于形，悟在天成！

计算机系统只能接受最简单的由"0"和"1"组成的二进制指令码，想象一下，我们编程发出的所有指令，最终都会转换成无数的"1""0"，然后电脑去控制门电路的开和关。这无数的开和关的组合操作，构建了当今世界最伟大的计算世界，无论多么骄傲的公司概莫能外。无论多么复杂的数据都要转换成二进制去处理，无论多么先进的计算机系统，包括现在英特尔正在研发的人工智能芯片，在最底层一定是用二进制交流的。简简单单的两个数字"0""1"却创造了人类文明的奇迹！

【育人功效】

综合案例引入和本节数据二进制编码知识，二进制代码构成了计算机系统的基础，一切数据的运算处理都离不开"0"和"1"。

（1）"大道至简"是做人的智慧，做人做事要将一件复杂的事情化为简单，那是需要智慧的。我们要简简单单地做人，踏踏实实地做事，用智慧化难为简。复杂的事情简单做，简单的事情重复做，重复做的事情用心做，久久为功，坚持下去，这样世界上就没有做不成的事情。

（2）与常规思维不同，逆向思维是反过来思考问题，是用绝大多数人没有想到的思维方式去思考问题。运用逆向思维去思考和处理问题，实际上就是以"出奇"去达到"制胜"。

04

4. 阿丽亚娜 5 型火箭事故（科学严谨/一丝不苟）

【对应知识点】 C 语言的基本数据类型

【思政元素案例】 阿丽亚娜 5 型火箭事故

1996 年 6 月 4 日，阿丽亚娜 5 型火箭（图 2-3）在法属圭亚那库鲁航天中心首次发射。当火箭离开发射台升空 30 秒时，距地面约 4 000 米，天空中传来两声巨大的爆炸声并出现一团橘黄色的巨大火球，火箭碎块带着火星撒落在直径约 2 000 米的地面上。与阿丽亚娜 5 型火箭一同化为灰烬的还有 4 颗太阳风观察卫星。这是世界航天史上又一大悲剧。

阿丽亚娜 5 型火箭由欧洲航天局研制，火箭高 52.7 米，质量 740 吨，研制费用为 70 亿美元，研制时间 1985—1996 年，参研人员约 1 万人。

事故原因报道：阿丽亚娜 5 型火箭采用阿丽亚娜 4 型火箭初始定位软件。软件不适应物理环境的变化。阿丽亚娜 5 型火箭起飞推力 15 900 kN，质量 740 吨，阿丽亚娜 4 型火箭起飞推力 5 400 kN，质量 474 吨。阿 5 型火箭加速度等于 $21.5g$（g 为重力加速度），阿 4 型火箭加速度等于 $11.4g$。阿丽亚娜 5 型火箭加速度值输入到计算机系统的整型加速度值产生上溢出，以加速度为参数的速度、位置计算错误，导致惯性导航系统对火箭控制失效，程序只得进入异常处理模块，引爆自毁。箭载两套计算机系统由于硬件、软件完全相同，没有达到软件容错的目的。

图 2-3　阿丽亚娜 5 型火箭

专为地面设计的校准系统，使用 16 位字来存储水平速度（对由于风和地球运行产生的位移计算而言，16 位是绰绰有余的）。飞行 30 秒后，阿丽亚娜 5 型火箭的水平速度计算产生了溢出，由此引出了一种意外，通过关掉机载计算机来处理这一问题，并把控制权交给后备系统。因此，飞行器在发射后 37 秒便从原始路径偏移，最终不得不启动了火箭自毁程序。

【案例分析】

阿丽亚娜 5 型运载火箭基于前一代 4 型火箭开发。在 4 型火箭系统中，对一个水平速率的测量值使用了 16 位的变量及内存，因为在 4 型火箭系统中反复验证过，这一值不会超过 16 位的变量，而 5 型火箭的开发人员简单复制了这部分程序，而没有对新火箭进行数值的验证，结果发生了致命的数值溢出，经济损失达 3.7 亿美元。

火箭开发人员缺乏科学严谨的态度和一丝不苟的精神，过于依赖原始数据，不能实事求是，导致没有充分考虑到数据类型的存储范围问题，造成了巨大的损失。C 语言为我们提供了丰富的数据类型，每种数据类型都有其特定的使用规则，同学们要想打好程序设计基础，乃至今后有所作为，就必须将这部分内容"消化掉"。

【育人功效】

综合案例引入和本节 C 语言数据类型知识，理解和掌握各种数据类型及其使用规则是能否学好 C 语言的关键。

（1）科研工作需要认真务实、一丝不苟的态度，每一项工作都需要精确的计算和反复的试验验证，小小的误差会带来巨大的损失。

（2）做任何事情都要遵循事物的客观规律，掌握好分寸，切忌过犹不及。在日常的学习生活中要学会调整好自己的状态，使自己的情感、情绪、理智处在平衡状态。

5. C 语言输出的图形（勇于创新）

【对应知识点】 基本数据的输入与输出

【思政元素案例】 C 语言输出的图形

图 2-4 为不同形状的 C 语言输出图形。

【案例分析】

当听到"程序员"这个词的时候，你脑海中的第一反应是什么？程序员给人的印象多数是木讷、老实、有点宅，电脑技术很厉害，人际沟通能力可能有所欠缺。但是通过上面案例我们发现，程序员的世界是丰富多彩、充满浪漫情调且富有创造力的。

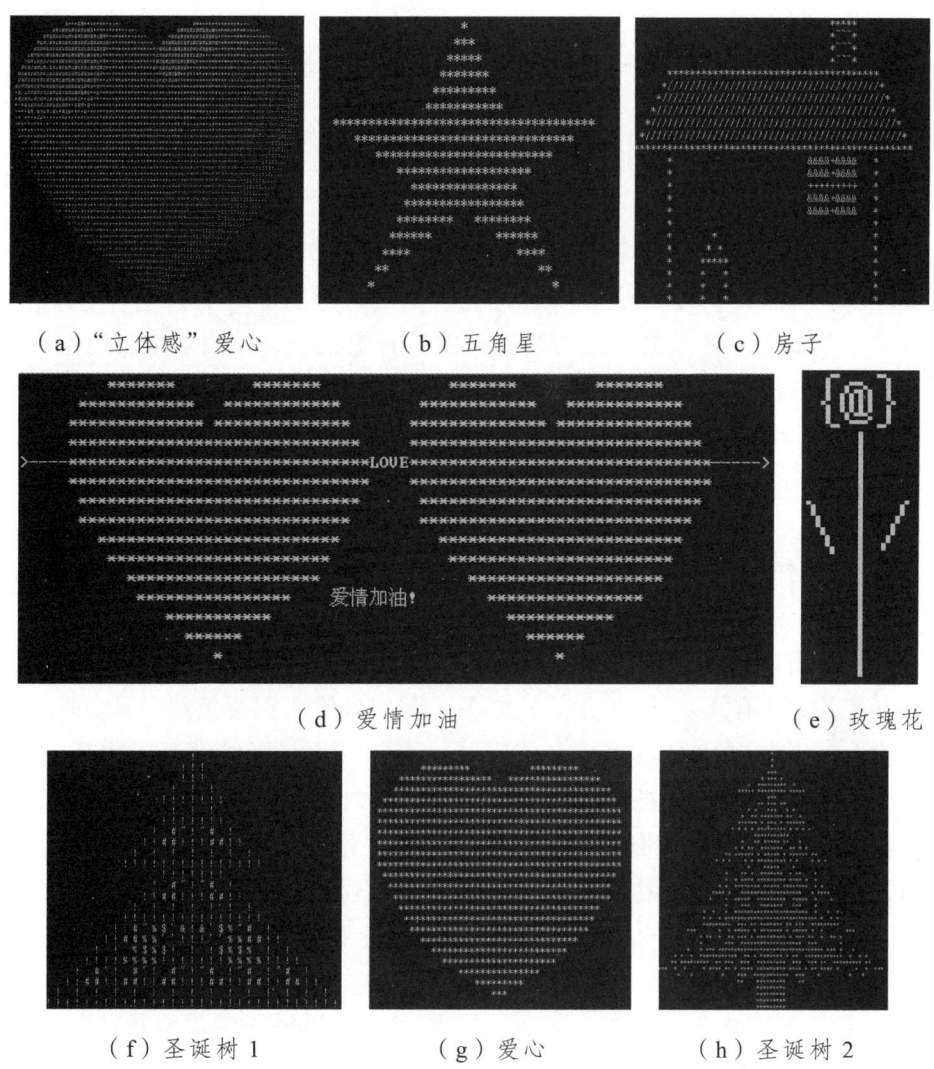

（a）"立体感"爱心　　（b）五角星　　（c）房子

（d）爱情加油　　（e）玫瑰花

（f）圣诞树1　　（g）爱心　　（h）圣诞树2

图 2-4　不同形状的 C 语言输出图形

本节主要讲解 C 语言基本数据的输入、输出，C 语言程序不仅能输出一些文字内容，如果你发挥想象力，它也能输出一些艺术性十足的作品，是不是挺有意思的？

【育人功效】

综合案例引入和本节 C 语言数据的输入、输出知识，编程语言对于书写的规则要求是非常严格的，任何微小的错误都会导致程序无法运行，且错误不易被察觉。

（1）做人做事需要遵守规则，要认真遵守学校各项规则制度，遵守国家法律法规，做一个守法的好公民。

（2）千里之堤，溃于蚁穴。人们往往疏于防范的正是各种各样的小错误，要从自己身边的小事做起，防微杜渐，防患于未然。

（3）想象力是人类创新的源泉。因为有想象力，我们才能创造发明，发现新的事物定理。如果没有想象力，人类社会将不会有任何发展与进步。

6. 稀缺的淡水资源（保护环境）

【对应知识点】 运算符与表达式

【思政元素案例】 稀缺的淡水资源

从宇宙来看，地球是一个蔚蓝色的星球（图 2-5），地球的储水量是很丰富的，共有 14.5 亿立方千米之多，其 72%的面积覆盖水。但实际上，地球上 97.5%的水是咸水，又咸又苦，不能饮用，不能灌溉，也很难在工业中应用，能直接被人们生产和生活利用的水少得可怜，仅有 2.5%的淡水。而在淡水中，将近 70%冻结在南极和格陵兰的冰盖中，其余的大部分是土壤中的水分或是深层地下水，难以供人类开采使用。江河、湖泊、水库及浅层地下水等来源的水较易于开采供人类直接使用，但其数量不足世界淡水的 1%，约占地球上全部水的 0.007%。

2016 年，世界人口超过了 72 亿。全球约有 200 个国家和地区，其中人口 1 亿以上者有 13 个国家，它们是中国、印度、美国、印度尼西亚、巴西、巴基斯坦、俄罗斯、尼日利亚、孟加拉国、日本、墨西哥、菲律宾、埃塞俄比亚。这 13 国人口总数共有 43.5 亿多，约占世界总人口的 63.11%。

通过阅读上述两则材料，请同学们思考世界人均可饮用的水资源有多少呢？

图 2-5　地球

【案例分析】

　　计算世界人均可饮用水资源量是一道简单的数学计算题，但是怎么利用 C 语言程序软件来实现这个运算呢？首先，必须要学会利用 C 语言程序软件输入数据及输出结果；其次，必须学会对输入的数据进行运算。

　　本节介绍了算术运算、关系运算、逻辑运算以及条件表达式和逗号表达式的用法，归纳总结了数据类型转换的原则。相信通过本节的学习，同学们一定可以通过 C 语言程序编程计算世界人均可饮用水量。

【育人功效】

　　综合案例引入和本节 C 语言运算符和表达式知识，C 语言有丰富的运算符，这是它的一大优点，它的缺点在于，各种运算符的优先级、结合性以及使用规则较为繁杂，不易记忆。

　　（1）世界人口的膨胀，环境的污染造成淡水资源的短缺，我国的水资源问题尤为突出。同学们要从自己做起，从身边的小事做起，尽自己的努力保护淡水资源，爱护我们生活的地球。

　　（2）初期学习 C 语言的重点要放在掌握语言的语法和规定上，一定要养成良好的编程习惯，平时写程序注意语法规范格式控制，养成认真严谨、一丝不苟的好习惯，这是学好 C 语言的基础。

7. 让垃圾分类成为新风尚（保护环境）

【对应知识点】C 语言的流程图

【思政元素案例】让垃圾分类成为新风尚

随着人民生活水平的提高，垃圾处理的问题也与日俱增。垃圾分类就是在源头将垃圾分类投放，并通过分类的清运和回收使之重新变成资源。

目前，虽然国家已经出台了各项制度来推进垃圾分类，但如何在居民中真正做好政策宣传，如何通过正确引导让人们养成良好的环保意识与习惯，仍然是落实垃圾分类的难点。

【案例分析】

通过分支结构程序的编写开发手机应用程序，帮助居民正确识别垃圾的种类。App 可 24 小时全天候响应用户的提问需求，并支持语音、文字和图片查询，从源头帮助居民解决垃圾分类问题，提高居民垃圾分类意识，从而减轻环卫人员的工作负荷。

【育人功效】

结合案例导读和本节分支结构的引入知识，总结如下：

（1）通过对垃圾的分类回收，把垃圾"变废为宝"，不仅提高了垃圾的可回收利用率，同时降低了垃圾分类的经济成本。垃圾分类，人人有责！

（2）通过算法流程图的讲解，学习做一个凡事有条理的人，懂得按照事情的计划和顺序来做，懂得统筹管理，节约时间，提高效率。

8. 学税懂税，不分年龄；依法纳税，你我同行（诚信/遵纪守法）

【对应知识点】二路分支 if 语句

【思政元素案例】学税懂税，不分年龄；依法纳税，你我同行

根据《中华人民共和国个人所得税法》（2018 年修正），居民个人收入按纳税年度合并计算个人所得税。个人应自觉依法诚信纳税，积极行

使纳税人权利，以维护人民和国家的利益，以为国纳税而自豪。

【案例分析】

个人所得税 2019 新政策已经实施。新个税税率如表 2-1 所示。

表 2-1 2019 年税率表

全年应纳税所得额 x/万元	使用税率/%
$x<3.6$	3
$3.6 \leqslant x<14.4$	10
$14.4 \leqslant x<30$	20
$30 \leqslant x<42$	25
$42 \leqslant x<66$	30
$66 \leqslant x<96$	35
$x \geqslant 96$	45

这么复杂的计算表格，普通人很难一下算出自己应该缴纳的税费，可以让 C 语言程序帮助大家完成这个任务，使用户在输入自己的全年收入后能立即得出自己应该缴纳的税额。

【育人功效】

结合案例导入和本节的 if 语句，总结如下：

（1）通过条件语句的编写，养成良好的逻辑性，同时明白在生活和学习中"鱼与熊掌不可兼得"的道理，千万不能做违背良心的事情。

（2）个人应自觉依法诚信纳税，积极行使纳税人权利，以维护人民和国家的利益，以为国纳税而自豪。可利用分支结构根据个税征收表格编程计算出个人的税后收入。

9. 节能减排，阶梯电价（节约/绿色生活）

【对应知识点】多路分支 switch 语句

【思政元素案例】节能减排，阶梯电价

国家推行"居民阶梯电价"，建立"多用者多付费"的阶梯价格机制，有助于形成节能减排的社会共识，促进资源节约型、环境友好型社会的建设。改革开放以来，伴随着我国经济社会的持续快速发展，资源约束、环境污染、气候变化等一系列挑战接踵而至。

【案例分析】

我国是一个人口众多、人均能源资源非常匮乏的国家。主要能源资源中，石油、天然气人均储量不足世界平均水平的 1/10；人均水资源占有量只有世界平均水平的 1/4。即使是相对丰富的煤炭，人均储量也不到世界平均水平的 40%。2000 年以来，我国能源消费年均增长约 8%，其中电力消费年均增长约 12%，天然气约 20%，石油约 7%。如果不发现可大范围推广的新能源，按照目前的消耗速度推算，我国剩余的石油可采年限不到 15 年，天然气 39 年，煤炭 108 年。与此同时，能源大量消耗所引发的环境问题也日益突出，如火电排放的二氧化硫占总排放量的 42.5%，二氧化碳占总排放量的 50%，环境污染问题非常突出。因此，节能减排、转变发展方式已成为实现我国可持续发展，功在当代、利泽子孙的唯一选择。

我国未来可选择的经济发展模式只能是"科技含量高、经济效益好、能源消耗低、环境污染少"。能否实现这一目标，与能否尽快形成节约资源、保护环境的全民共识密切相关。当然，要在全社会形成节能减排共识，绝非一朝一夕之功。推行居民阶梯电价只是第一步，天然气、自来水等资源性产品都面临着与电力类似的问题。因此，利用价格杠杆撬动节能减排共识的形成，正当其时。

【育人功效】

结合案例导读和本节的多分支 switch 语句，总结如下：

（1）面对人生的多种选择，需要审时度势，谨慎选择，并承担选择的后果，切忌患得患失。

（2）为助力节能减排，倡导绿色生活，自 2011 年起，我国开始施行阶梯电价。基本原则是用得少单价低，反之单价高。类似分段函数，可用分支结构语句实现。具体见表 2-2。

表 2-2　阶梯电价表

阶梯电价分档	用电量/（每月每户/度）	单价/（元/度）
第一档	0～210	0.5469
第二档	210～400	0.5969
第三档	400 以上	0.8469

10. 日积月累，必有所得（持之以恒/方得始终）

【对应知识点】循环的三种语句

【思政元素案例】日积月累，必有所得

《愚公移山》中讲有一个人叫愚公，他家门前有太行、王屋两座大山。这两座大山挡住了一家人出行的去路，于是愚公决定把两座大山移走。他的朋友智叟劝他不要这么做，这是不可能完成的。可愚公说：就算我移不走，还有我的儿子；我的儿子移不走，还有我的孙子……只要持之以恒，总有一天，这两座大山会被移走。

《愚公移山》是一篇具有朴素的唯物主义和朴素的辩证法思想的寓言故事。其主题思想即恒道。它借愚公形象的塑造，通过"智叟"与"愚公"的对话，展现出了"智叟"之愚与"愚公"之智，告诉人们做事要持之以恒，才有可能成功。《愚公移山》反映了中国古代劳动人民改造自然的雄伟气魄，表现了中国古代劳动人民的信心和顽强毅力，说明了要克服困难就必须坚持不懈的道理，对人们有很大的启发。

【案例分析】

愚公移山的寓言蕴含了日积月累必有所得的思想。在日常生活中要完成一个任务或者达成一个目标，往往需要若干人循环往复地共同努力。聚沙可以成塔，滴水可以穿石。这样的过程中，计算完成任务的时间或者需要的人工投入就需要用到循环计算。

2020年年初湖北武汉暴发新型冠状病毒疫情，举国上下众志成城，支持、帮助武汉。社会各界纷纷慷慨解囊，医疗防护必需的口罩、护目镜、防护服、医用手套，疫区百姓生活必需的蔬菜瓜果、肉蛋禽类被源源不断地从祖国各地送往武汉。更让人动容的是最美的逆行者——全国各地的医疗救助队陆续赶往武汉，各地的医疗救助队人数多达数万人。一方有难八方支援，防控疫情、战胜疫情是一场全国动员、全民参战、全力求胜的大战。全国上下一起努力，凝聚起中华民族战胜疫情的强大合力，一定能取得"战疫"的最后胜利。

【育人功效】

结合案例导读和本节循环的三种语句的引入知识，总结如下：

（1）积沙成塔，集腋成裘。量变才能引发质变。日常的学习和生活中，我们要注重积累。积累点滴流水能成为江河，积累点滴知识能成为圣哲。

（2）while 语句和 do-while 语句中 while 后仅一个分号的区别，功能却相差甚远。因此工作和学习都需要细致严谨的品质。

11. 历史悠久的"九九歌"（节约资源/保护环境）

【对应知识点】 循环的嵌套和特殊控制语句

【思政元素案例】 历史悠久的"九九歌"

乘法口诀（也叫"九九歌"）在我国很早就已产生。远在春秋战国时代，九九歌就已经广泛地被人们利用。在当时的许多著作中，已经引用部分乘法口诀。发掘出的汉朝"竹木简"以及敦煌发现的古"九九术残木简"上都是从"九九八十一"开始的。"九九"之名就是取口诀开头的两个字。公元 5~10 世纪，"九九"口诀扩充到"一一如一"。大约在宋朝（公元 11、12 世纪），九九歌的顺序才变成和现代用的一样，即从"一一如一"起到"九九八十一"止。元朝朱世杰著《算学启蒙》一书所载的 45 句口诀，已是从"一一"到"九九"，并称为九数法。用的乘法口诀有两种，一种是 45 句的，通常称为"小九九"；还有一种是 81 句的，通常称为"大九九"。书中记载，"大九九"最早见于清陈杰著的《算法大成》。

【案例分析】

九九乘法表中涉及两个乘数从 1 到 9 的递增，一次循环显然无法完成，因此需要将两次循环嵌套起来编程。

【育人功效】

结合案例导读和本节循环结构的引入知识，总结如下：

（1）绿水青山就是金山银山。可持续发展是全人类共同的问题。

（2）地球上的自然资源每年增长的速度是一定的，但是人类数量却在不断递增，所以我们每个地球人都应该懂得资源是有限的，日常生活中应尽可能做到自然资源的循环利用。可以从我们身边的小事入手，例如双面打印，平时不用的电器拔下插头……

12. 斐波那契，黄金比例（以身作则/言传身教）

【对应知识点】函数

【思政元素案例】斐波那契，黄金比例

历史上有一个有名的关于兔子的问题：假设有一对兔子，长两个月它们就算长大成年了。然后以后每个月都会生出 1 对兔子，生下来的兔子也都是长两个月就算成年，然后每个月也都会生出 1 对兔子了。这里假设兔子不会死，每次都是只生 1 对兔子。

第一个月：只有 1 对小兔子。

第二个月：小兔子还没长成年，还是只有 1 对兔子。

第三个月：兔子长成年了，同时生了 1 对小兔子，因此有两对兔子。

第四个月：成年兔子又生了 1 对兔子，加上自己及上月生的小兔子，共有 3 对兔子。

第五个月：成年兔子又生了 1 对兔子，第三月生的小兔子现在已经长成年了且生了 1 对小子，加上本身两只成年兔子及上月生的小兔子，共 5 对兔子。

这样过了一年之后，会有多少对兔子呢？

【案例分析】

我们可以把这些兔子的数量以对为单位列出数字就能得到一组数字：1、1、2、3、5、8、13、21、34、55、89、144、233。所以，过了一年之后，总共会有233对兔子了。那么继续往下呢？

其实这组数字可以形成一个有规律的数列，我们把这个数列叫作"斐波那契数列"。这个数列中的数字，就被称为"斐波那契数"。这个数列是在1228年由意大利数学家斐波那契首先提出的。这个数列的规律是这样的：它的第一项、第二项是1，而从第三项起每一项都等于它的前两项之和。所以，如果不考虑兔子的死亡问题，我们还可以继续往下算出 n 年后兔子繁殖的数量。

斐波那契数列不但有趣，还与许多其他的数学概念有关，比如循环小数。但是它最神奇的地方应该是在大自然中的出现。

这个数列与大自然的植物有着极为密切的关系。几乎所有花朵的花瓣数都是来自这个数列中的一项数字；菠萝表皮方块形鳞苞形成两组旋向相反的螺线，它们的条数也必须是这个级数中紧邻的两个数字；还有向日葵花盘……这是为什么呢？答案是有点匪夷所思的。在1993年，人们对这个古老而重要的数列中的数字进行了研究，给出一个让人惊讶却无比满意的解释：斐波那契数列中任何相邻的两个数，次第相除，其比率都最为接近0.618这个值，这个数值大家一定都很熟悉，没错，它就是让事物变得美丽的"黄金比例"。所以说，斐波那契数列的神奇是让人惊叹的。

在数学上，斐波那契数列以如下被以递推的方法定义：$F(1)=1$，$F(2)=1$，$F(n)=F(n-1)+F(n-2)$（$n≥3$，$n∈N^*$）。在现代物理、准晶体结构、化学等领域，斐波纳契数列都有直接的应用。

【育人功效】

结合案例导读和本节循环结构的引入知识，总结如下：

（1）直接或间接调用函数本身，则该函数称为递归函数。日常为人处事也蕴含着这样朴素的道理，正所谓"言传身教"。

（2）用语言来教导，更要以身作则、树立榜样。由此可见，除了用言语来教育外，自身的行为也是会影响他人的。

13. 一寸光阴一寸金（珍惜光阴/活有价值）

【对应知识点】变量的作用域与生命期

【思政元素案例】一寸光阴一寸金

你是否有计算过你的生命时间？你是否有想过如何去规划你的时间？如果你可以活到100岁，到现在你已几岁？离100岁还有多久？你还有多少天可以做你喜欢的事情？还有多少个小时？还有多少分？还有多少秒？

【案例分析】

当我们知道做自己喜欢的事情是那么的短暂，我们就要懂得珍惜，不要把时间浪费在无聊的人身上，不要把时间浪费在没有意义的事情上。我们要用更多的时间来改正自己的缺点，让自己变得更加优秀，这样的人生才有意义。我们要用更多的时间陪伴我们的父母、我们的家人、亲戚与朋友，他们才是我们值得花时间去陪伴的人、关注的人；更要在我们对生命意义有认知的年龄去做一些对社会、对自己有意义的事！

【育人功效】

结合案例导读和本节循环结构的引入知识，总结如下：

（1）时间对我们每一个人都是公平的，珍惜它的人能创造价值，挥霍它的人只能一无所获。时间是可以计算的，分清轻重缓急，然后有计划地朝着目标持续前行，不慌不忙，聚沙成塔，终会在某一天厚积薄发。

（2）雷锋因公殉职时年仅22岁，他用短暂的一生很好得践行了自己的日记：人的生命是有限的，可是为人民服务是无限的——"我要把有限的生命，投入到无限的为人民服务中去"。

14. 兵马未动，粮草先行（做人做事要有规划）

【对应知识点】预处理程序

【思政元素案例】兵马未动，粮草先行

孙子云："驰车千驷，草车千乘，带甲十万，千里馈粮，内外之费。宾客之用，胶漆之材，车甲之奉，日费千金，然后十万之师举矣。"

兵马未动，粮草先行，即使有百万之师，如果后勤工作没做好，也一样打不赢。

【案例分析】

"兵马未动，粮草先行"是指出兵之前，先准备好粮食和草料，比喻在做某件事情之前，提前做好准备工作。

学习和工作亦是如此。一个上班族要想把第二天的工作做好，最好在每天下班前的几分钟制定出第二天的工作计划，如果拖到第二天上午上班时候才制定工作计划表，那就很容易做得比较费劲，因为那时又要面对新一天的工作压力。而前一天晚上就把第二天要做的准备工作做好，到第二天工作起来就会轻松多了。在头一天做好准备工作，可以了解第二天每项工作可能会发生的问题，并能采取预防措施，防微杜渐。一个学生要想做好第二天的学习，那么前一天进行有效的预习也是非常必要的。

【育人功效】

结合案例导读和本节循环结构的引入知识，总结如下：

（1）做任何事前尽可能做好万全的准备，不打无准备之仗。只有这样，我们成功的机会才会增大，正所谓"未雨绸缪"。

（2）机会总是留给有准备的人！

15. 物以类聚，人以群分（环境对三观的养成重要性）

【对应知识点】一维数组

【思政元素案例】物以类聚，人以群分

战国时期，齐国有一位著名的学者名叫淳于髡。他博学多才，能言善辩，被任命为齐国的大夫。他经常利用寓言故事、民间传说、山野轶闻来劝谏齐王，而不是通过讲大道理来说服他，却往往能收到意想不到的效果。淳于髡说："同类的鸟儿总聚在一起飞翔，同类的野兽总是聚在一起行动。人们要寻找柴胡、桔梗这类药材，如果到水泽洼地去找，恐怕永远也找不到；要是到梁文山的背面去找，那就可以成车地找到。这是因为天下同类的事物，总是要相聚在一起的。"

孟母择邻而居，三次搬家。起初，家离一处公墓不远，小孟轲看了一些送葬人的情景，自己就模仿起来，成天在沙地上埋棺筑墓。孟母看到这样环境对孩子不利，就迁之到了一个集镇，小孟轲又学着小商贩的叫卖吆喝声，孟母只好再次搬家，搬至一个学校附近。孟轲模仿了学校孩子们礼貌待人等文雅礼仪，孟母放心地说："这里才是孩子可以居住的地方。"

【案例分析】

"物以类聚，人以群分"，出自《战国策·齐策三》，用于比喻同类的东西常聚在一起，志同道合的人相聚成群，反之就分开，是朋友之间门当户对、志同道合。

本章介绍的数组，即同类型数据的有序集合。

【育人功效】

结合案例导读和本节循环结构的引入知识，总结如下：

（1）接近什么样的人，就会走什么样的路，所谓"物以类聚，人以群分"。牌友只会催你打牌，酒友只会催你干杯，而靠谱的人却会带领你取得进步。当你活成了一个自信的、自由的、散发着阳光的人，你也会吸引同类的人。

（2）"单个变量"是游兵散勇，聚在一起组成"数组"才有机会所向披靡。团结就是力量。

16. 德才兼备，品学兼优（品德修养的重要性）

【对应知识点】二维数组

【思政元素案例】德才兼备，品学兼优

为贯彻党和国家的教育方针，鼓励学生勤奋学习，各大高校每年都会对在德、智、体、美等方面全面发展或者在思想品德、学业成绩、科技创造、体育竞赛、文艺活动、志愿服务及社会实践等方面表现突出的学生，给予表彰和奖励，名为奖学金评定。

【案例分析】

某高校评定奖学金时，主要考查学生品德修养、学业总评和社会实践三个模块的成绩。如表2-3所示，这个表就是一个二维数据表。

表2-3　某学院奖学金评定表

姓名	品德修养	学业总评	社会实践
李林	61	90	88
王丽	89	62	78
张强	86	77	90
刘小慧	75	82	84

以李林同学为例，他的学习成绩非常不错，但是他的思想修养分数不理想，所以难以竞争奖学金。

【育人功效】

结合案例导读和本节循环结构的引入知识，总结如下：

（1）能力很重要，可是有一样东西比能力更重要，那就是品德。身体不好是废品，思想不好是毒品。品德，是人真正的最高学历。

（2）好的种子能在风吹日晒之后仍然顽强生长，不埋不怨，努力向上，这才是最真、最好的品格。

17. 2008年北京奥运会（个人与中华民族伟大复兴）

【对应知识点】 字符数组和字符串

【思政元素案例】 2008年北京奥运会

2008年8月8日20时，举世瞩目的第二十九届奥林匹克运动会在北京开幕。开幕式在国家体育场（鸟巢）隆重举行。具有两千多年历史的奥林匹克运动会与五千多年传承的灿烂中华文化交相辉映，共同谱写人类文明气势恢宏的新篇章。夜幕下，"鸟巢"造型的国家体育场华灯灿烂，流光溢彩。可容纳9万多人的体育场内座无虚席，群情激动。演员们独特的身体语言，蕴含了中国水墨画的意趣和韵味。演员在纸上画了朵朵祥云，画了山川、河流、太阳。祥云神奇地消散，只留下山水和太阳（图2-6）。

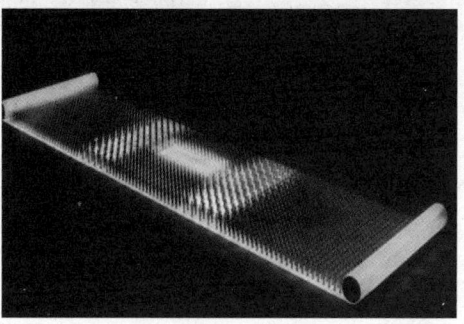

图 2-6　2008 北京奥运场景

【案例分析】

整幅画卷相当于一个多维字符数组,每一位演员就是其中的一个字符数组元素。为了呈现非凡的视觉盛宴,近千名演员整整训练了十多个月,每一个人的动态程序都不一样,全凭熟记和苦练才能完成。

【育人功效】

结合案例导读和本节循环结构的引入知识,总结如下:

(1)在生活中,大家都是普通的一员,共同组成了社会。

(2)我们以奋斗之姿立足本职,埋头苦干,从自身做起,从点滴做起,何愁不能实现中华民族的伟大复兴。

(3)向每一个努力奋斗的人致敬,为每一个奋斗的人生喝彩!

18. 自助图书馆(做人做事要有规划)

【对应知识点】指针与指针变量

【思政元素案例】自助图书馆

图 2-7 是一张自助图书馆的照片,同学们请思考一下,我们去图书馆借书的时候是怎样找到我们所需要的书籍的呢?

图 2-7 书籍与指针的关系

没错，是通过书籍的检索码。图书馆的书架就像是一个计算机的"内存"模型，用来表示存储器和地址编排的关系。书籍的检索码就是书架上的每个格子所对应的唯一的地址，相当于存储器对每个字节有一个唯一地址。

在借书时，这些存放书籍的格子是整体不动的，会有一个可以运动的取书设备，移动到指定地址的格子位置，把这个格子给抽走，然后移动到取书口。借书的时候发出的指令相当于把地址为2051的格子里的书，取出到借还书口。如果把人比作 CPU，整个图书馆比作内存，书比作数据，那么书架格子上的检索码就相当于存储数据的地址。

【案例分析】

图书馆中书籍数量巨大，每天借还书的数量众多，只有按照书籍的检索码精确定位才能快速有效地找到自己所需要的书籍。我们 C 语言程序中数据的处理也是一样，本节课主要讲解计算机系统的"检索码"——指针。计算机系统的每个存储单元都有唯一的地址，就如同每个人都需要一个身份证号码、教学楼中的每一个教室需要一个编号（称为教室号）、宿舍楼中的每一个房间需要一个编号（称为房间号）一样，否则数据将无法管理。

【育人功效】

综合案例引入和本节 C 语言指针及指针变量相关知识，理解和掌握各种数据在计算机中的存储及运算方式。

（1）每天都有目标，且当日事当日毕。每天都要有计划，对当天发生的各种问题，在当天弄清原因，分清责任，及时采取措施进行处理，防止问题积累。

（2）分散、平衡地处理事情。如果感觉事情太多，就将事情分成自己能处理的零散事情，且分清轻重缓急，最终完成任务。

19. 为什么要引入指针（反思总结和团队协作）

【对应知识点】指针变量的应用

【思政元素案例】为什么要引入指针

假如我们定义了 char a='A'，当需要使用这个'A'时，除了直接调用变量 a，另一种方式就是调用 a 的地址，即指向 a 的指针 p（假设定义了 char *p=&a;）。这里请思考一个问题：究竟是 a 占用的内存大呢还是 p 占用的内存大呢？

我们再来看一个例子，A 老师在 A 教室给 300 个学生上政治；B 老师在 B 教室给 300 个学生上 C 语言课。当这节课上完，开始下节课的时候，A 老师要给另外的 B 教室的 300 个学生上政治，而 B 老师要给 A 教室里面的 300 个学生上 C 语言。如果老师不动，共 600 个学生就要交换教室。想一想，多壮观的场面啊，拿着自己的书本及随身用品（手机、MP3、零食、饮料……），到时候随地乱扔杂物，一定一片狼藉。就算这 600 个学生全是高素质的，那挪动起来也一定很麻烦。这里 600 个学生就代表前面提到的变量 a，A 老师和 B 老师就代表指向变量 a 的指针 p，通过这个例子大家应该能够明白上面问题的答案了吧。

【案例分析】

通过学生之间的交换实现上课的过程相当的烦琐且效率低，不如老师换一下：A 老师到 B 教室去上政治课，B 老师到 A 教室去上 C 语言，过程简单且效率高。指针就类似于这样，使用指针型变量在很多时候占用更小的内存空间，并且效率非常高，它里面全是地址，没有实际的数据，所以运行起来非常简便、不占用内存，时间上也能快些。通过后面深入的学习，我们会感受到在 C 语言的世界里，指针只是一扇门，推开门，后面是整个世界。

【育人功效】

综合案例引入和本节 C 语言指针变量的应用知识，利用指针编写程序可以极大地减小内存占用率，提高运算效率，且程序结构紧凑美观。

（1）多反思，多总结。没有反思与总结，只是无目的地往前走，效率是不会提高的。反思与总结是检查过去、衔接现在、不断完善与提高自己的方法。

（2）团队协作是一种为达到既定目标所显现出来的资源共享和协同合作的精神，它可以调动团队成员的所有资源与才智，并且会自动地驱除所有不和谐、不公正的现象，同时对表现突出者及时予以奖励，使团队协作产生一股强大而持久的力量。

20. 最可爱的人（个人与集体的关系）

【对应知识点】结构体

【思政元素案例】最可爱的人

每分钟行进112步，每步75厘米；腿踢高线、步伐间隔和女队员的裙子下摆线要同等高度；仪仗方队三名旗手所执的党旗、国旗和军旗始终保持在45度角……80分钟的阅兵活动，让全世界目睹了新时代中国军人的铁军形象。队员们的腿踢高线、步伐间隔和女队员的裙子下摆线，若要用尺子量，都在一个高度上。每次训练，都得站立数个小时，不能喝水，不能上厕所。

【案例分析】

钢铁是怎样炼成的？这就是团队精神，简单来说就是大局意识、协作精神和服务精神的集中体现。团队精神的基础是尊重个人的兴趣和成就。核心是协同合作，最高境界是全体成员的向心力、凝聚力，反映的是个体利益和整体利益的统一，并进而保证组织的高效率运转。无数个烈日下的暴晒，无数次汗水浸透衣衫，无数次的踢腿摆臂……日均2万步，15千米长度。半年多的时间里，战士们所走的齐步加正步，达到400万步，3 000余千米。

由一系列具有相同类型或不同类型的数据构成的数据集合，叫作结构体（struct）。结构体是这些元素的集合，这些元素称为结构体的成员（member）。

【育人功效】

综合案例引入和本节 C 语言结构体相关知识，理解和掌握结构体类型变量及结构体类型变量数组的应用，具备利用结构体数组处理信息的能力。

（1）在这个世界上，任何一个人的力量都是渺小的，只有融入团队、与团队一起奋斗，你才能实现个人价值的最大化，成就自己的卓越。

（2）团队是为了实现一个共同的目标而集合起来的一个团体，需要的是心往一处想，劲往一处使；需要的是分工协作，优势互补；需要的是团结友爱、关怀帮助；需要的是风雨同舟，甘苦与共！

（3）与团队和谐相处的秘诀就是：尊重别人、关心别人、帮助别人、肯定别人、赞美别人、学习别人、感恩别人。

21.大数据时代下的信息安全（信息安全保护）

【对应知识点】 文件

【思政元素案例】 大数据时代下的信息安全

2018 年 8 月，据美联社发布的最新调查显示，谷歌正利用安卓与苹果手机上的许多谷歌服务追踪用户活动，并存储用户位置信息，即使用户关闭位置服务，谷歌仍能获取用户的位置信息。据悉，这已不是谷歌第一次被爆获取用户信息。2017 年 11 月已有人发现谷歌这一行为，当时的谷歌表示将在 2017 年 12 月删除数据收集功能。

除谷歌外，还有多家企业曾经发生类似新闻。2017 年 10 月，雅虎承认在以往的黑客入侵事件中，近 30 亿个用户账号信息被窃取；知名社交网站 Facebook 在 2018 年 3 月被爆泄露近 5 000 万用户数据，不仅仅 Facebook 股价大跌、市值蒸发，更是引发社会对 Facebook 的强烈不满与抗议；而国内视频网站 A 站于 2018 年 6 月遭遇黑客攻击，近千万个人用户数据外泄⋯⋯

【案例分析】

以上事例我们都可以看出，在如今的大数据时代，数据蕴藏的大量价值推动着数据信息的获取途径的挖掘。而伴随信息技术发展而来的却是越发频繁的信息泄露事件，这一切都在提醒着人们需要关注的重大问题——信息安全。虽然大数据时代给我们的生活带来诸多便利，但是"信息裸奔"令人不寒而栗，行走在大数据的社会，个人信息安全值得我们每个人关注。那么，在大数据时代，我们应该如何保障信息安全？

本节课通过对文件相关知识的学习，学会在平时的生活、学习中及时保存资料，提高自身的信息安全意识，在充分利用大数据带来便利的同时，也需要尽量减少它对我们的一些不利影响。

【育人功效】

综合案例引入和本节 C 语言数据文件相关知识，理解和掌握数据文件的读写及数据文件的管理，提高自身的信息安全意识。

需要增强信息的保护意识和保护措施。信息安全保护不仅是个人的事情，也是企业的事情。整个社会需要建立对信息安全的重视意识，提高对于信息安全问题的警惕。对于个人来说，不要随意授权互联网应用获取个人信息，防止个人信息泄露；对于企业来说，需要加强自身的职业道德素养，不泄露用户隐私。

第三章 "机械制图"课程思政案例

1. 一个尺寸符号错误导致数百万经济损失(严谨求实)

【对应知识点】尺寸注法

【思政元素案例】一个尺寸符号错误导致数百万经济损失

数控加工厂加工了一大批圆盘零件,结果交付时客户说尺寸不对。并且客户要得急,影响了甲方公司的加工进度,最后甲方公司把数控加工厂告上法庭,要求赔偿百万违款。经过调查,原因首先是图纸设计不严谨,图纸中的一个尺寸标注不规范,一般对称的工件应该标锥度,而这个图纸中标注的是斜度。其次是机加工的审图人员也不严谨,没有认真审图。最后就是加工工人,在弄不清图纸标注的前提下,盲目开工,造成批量报废。

【案例分析】

图形只能表达物体的形状,而物体的大小则由标注的尺寸确定。设计人员一定要严谨,严格按照图纸标准,同时多为加工人员考虑,尽量清晰简明化。加工人员看图千万不能马虎,在弄不清图纸标注的前提下,不可盲目地加工,否则会导致批量报废。

【育人功效】

(1)尊重"标准"和规则是行业的要求,也是做人的要求。

(2)图样是工程界进行交流的技术语言,是传递设计思想的信息载体,是生产过程中加工(或装配)和检验(或调试)的依据。图纸出错,生产的产品将成废品,给生产带来损失甚至造成严重的生产事故。所以大家一定要养成严肃认真对待图纸、一线一字都不能马虎的习惯。

2. 没有规矩，不成方圆（遵纪守法）

【对应知识点】制图标准的基本规定

【思政元素案例】没有规矩，不成方圆

在图学发展的历史长河中，中国曾有光辉的一页。春秋时代的《周礼·考工记》中记载了规矩、绳墨、悬锤等绘图工具的运用。在汉代的石刻造像中有"伏羲氏手执矩，女娲氏手执规"的图像（图 3-1），反映了规、矩的形象。规的形状如图 3-2（a）所示，中间直立的杆为规的固定的脚，右面下垂部分的尖端为画笔，横杆绕立杆旋转即画出圆。矩的形状如图 3-2（b）所示。

图 3-1 "伏羲氏手执矩，女娲氏手执规"图

（a）规　　　　　　　　（b）矩

图 3-2 古代的绘图工具

【案例分析】

"没有规矩,不成方圆",反映了我国古代对尺规作图已有深刻的理解和认识,告诫我们必须遵守一定的准则和法规。

【育人功效】

"没有规矩,不成方圆",告诫我们立身处世乃至治国安邦,必须遵守一定的准则和法度。家有家规,国有国法,学校也有严格的校规校纪。规矩是人类自己制定的信条。如果不知道如何规范自己的行为,不仅自身安全得不到保障,而且还会影响、干扰他人,以致受到法律和大自然的惩罚。

3. 圆周率的来由(精益求精)

【对应知识点】 几何作图

【思政元素案例】 圆周率的来由

我国魏晋时期伟大的数学家刘徽是中国数学史上第一位用科学的方法来推算圆周率的科学家。刘徽提出了用圆内接正多边形的周长来逼近圆周长的思想。割圆术的基本思想是:割之弥细,所失弥少,割之又割以至于不可割,则与圆合体二无所失矣。圆内接正多边形的边数越多,所求得的圆周率就越精确。他从圆内正六边形开始算起,将边数一倍一倍增加,最后算到了圆内正 3072 边形,得到圆周率的近似值 3.1416。

【案例分析】

刘徽的割圆术是求圆周率的正确方法,它奠定了中国圆周率计算长期在世界上领先的基础。刘徽一生为数学刻苦探求,治学态度严谨,为中华民族留下了宝贵的财富,为后世树立了楷模。

【育人功效】

割之弥细,所失弥少,从正六边形算到正 3072 边形,我国古代科学家严谨治学、精益求精的精神,为我们树立了楷模。

4. 从《显微制图》中学习科学家的"工匠精神"(工匠精神)

【对应知识点】草图的绘制方法

【思政元素案例】从《显微制图》中学习科学家的"工匠精神"

1665年,英国物理学家、天文学家罗伯特·胡克出版了《显微制图》一书。该书是胡克根据显微镜下的观察记录,手绘完成的精美绝伦、栩栩如生的58幅图画。这些精确而美丽的素描,描绘了从来没有得到过的显微镜观察结果。这些图中有不少奇迹,例如苍蝇的眼睛、蜜蜂刺器官的形状、跳蚤和虱子的解剖图、羽毛的结构以及霉菌的形成等。例如,图3-3(a)这张跳蚤图片,引发神学争论,人们开始思考这些微小生物是不是曾经过精心设计。激烈的争论促使年轻的查尔斯·达尔文开始进行生物学研究。图3-3(b)为苍蝇的眼睛。图3-3(c)为软木细胞,这是史上第一次成功观察到的细胞。

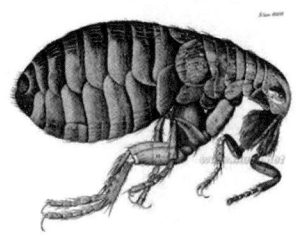 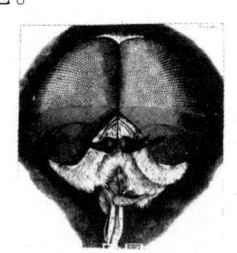 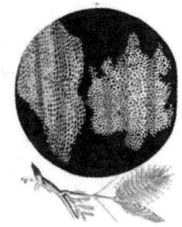

(a)跳蚤　　　　(b)苍蝇的眼睛　　　　(c)软木细胞

图3-3　各类昆虫细节外观图

【案例分析】

《显微制图》一书为实验科学提供了前所未有的既明晰又美丽的记录和说明,开创了科学界借用图画这种最有力的交流工具进行阐述和交流的先河,为日后的科学家们所效仿。

【育人功效】

《显微制图》开创了科学界借用图画这种最有力的交流工具进行阐述和交流的先河。从胡克的58幅手绘图中我们可以看出科学家耐心、专注、敬业、精益求精的"工匠精神"。

5. 时间的刻度（珍惜时间，珍惜生命）

【对应知识点】投影法概述

【思政元素案例】时间的刻度

矗立在北京故宫太和殿门口的日晷（图 3-4），是中国古代最经典和传统的天文观测仪器。它属于赤道式日晷，晷面和赤道呈平行状态，古人借助日光的照射，来观察指针的投影，用以确定时间。随着太阳光的不断变化，晷针的投影会指向不同的时辰。日晷是我国古代较为普遍使用的计时仪器，被人类沿用长达千年之久。

图 3-4　日晷

【案例分析】

日晷是利用投影的长度和方向来计时，它的出现使人类对时间有了进一步认知。

【育人功效】

从远古时代眼观日出日落，到利用杆子的投影来计时，再到计时更加准确的天文机械和如今精巧实用的电子设备，时间的刻度在人类眼中从模糊到清晰。或许在未来还会出现更加精密的计时系统，让人类对时间有全新的认识。

6. 古诗——《题西林壁》（多角度分析思考问题/方法论）

【对应知识点】三视图的形成和对应关系

【思政元素案例】古诗——《题西林壁》

题西林壁
横看成岭侧成峰，远近高低各不同。
不识庐山真面目，只缘身在此山中。

【案例分析】
角度不同，结果各异。观察事物、处理问题，要客观全面。

【育人功效】
要反映物体的完整形状，必须由不同投影方向所得到的几个视图，互相补充，才能将物体表达清楚。工程上常用的是三视图。思考角度不同，所看到的事物也会不同，我们要学会多角度、全方面地分析和解决问题。

7. 化简为繁，推动图学知识发展（方法论/认识论）

【对应知识点】点、直线、平面的投影

【思政元素案例】化简为繁，推动图学知识发展

20世纪50年代，我国机械工业首先碰到的问题是工人文化和技术水平低，看不懂图纸，经常生产出废品和返修品。此时，开展科学技术普及工作，为国家的生产建设服务是每个科学技术工作者的共同责任。我国著名图学家赵学田教授以毕生精力献身图学教育，普及图学知识。他在教学中将机械制图最基本的投影几何知识点编成歌诀，比如"三视图的投影关系"的歌诀为"长对正、高平齐、宽相等"；"面的投影规律"的歌诀为"平行投影原形现，斜着投影面改变，平面垂直投影面，图上只见一条线"；"三视图想象实物"的歌诀为"指出主体定图名，找到关

系认面形，对着线条分前后，合起来辨认得清"。

【案例分析】

使繁难变为简易，极大地推动着科学技术与图学知识的社会化，从而使工程图易学易懂。

【育人功效】

"长对正、高平齐、宽相等"。这首图学三视图投影关系的歌诀，既表示了长宽高三个方面，又指出了三个视图的关系，九字歌诀将投影几何学的深奥化为浅显易懂的口诀，使繁难变为简易。十年教学，九字歌诀，在当时的社会条件下，形成"千人唱，万人和"的情景，极大地推动着科学技术与图学知识的社会化，这在中国乃至世界科技传播史上，是绝无仅有的奇观。

8. 解开金字塔"永恒的象征"背后的秘密
（精益求精的工匠精神）

【对应知识点】 平面立体及立体表面上的点

【思政元素案例】 解开金字塔"永恒的象征"背后的秘密

金字塔（图3-5）是一种高大的角锥体建筑物，底座四方形，每个侧面是三角形。由于生产力和原材料的限制要求，通过相应的数学水平计算出最大限制"少用"建造用料，金字塔的形状设计就此产生。它朝着东、西、南、北四个正向，夹角是52°，这刚好是沙子自然下落，堆成沙堆的角度，人们把这种角度称为"稳定角"。金字塔建筑材料是用性质稳定的石块堆砌而成的，石块之间没有任何黏着物，靠石块的相互叠压和咬合垒成。最令人惊奇的是，金字塔的建筑完美地运用了地磁场和磁轴与地球自转轴稍倾斜的原理，建造在非常接近正北纬30度的29度58分51秒的线上，这一有意的误差使得金字塔随地球自转运动而承受极小震幅，可以常年屹立不倒。

图 3-5 埃及金字塔

【案例分析】

这个四千多年屹立不倒的"正四棱锥体"建筑反映了古埃及人卓越的智慧、令人难以置信的创造能力和劳动能力。

【育人功效】

古埃及人对几何形体的完美运用令我们叹服。数千年屹立不倒的金字塔告诉我们:世界上从来都没有什么奇迹,奇迹的背后是一定人类巧妙的设计和精心的建造,奇迹的背后是追求卓越的创造精神和精益求精的工匠精神。

9. 港珠澳大桥人工岛(中国首创精神)

【对应知识点】 曲面立体及立体表面上的点

【思政元素案例】 港珠澳大桥人工岛

人工岛是港珠澳大桥的控制性工程之一,要把大桥海面上的部分和海底隧道连接起来,办法就是通过填海造出两座人工岛,可是用传统的方法填海造岛大概要花 2 年多的时间,这是大桥工期所不允许的。工程师们设计了一套全新的方案,他们将巨大的圆柱形钢筒插入 30 多米深的海底,围城一个人工岛,两座人工岛一共使用 120 个钢筒,每个钢筒直径 22 米,高 40~50 米,相当于四辆大卡车,钢筒被敲进海床后,人工岛便在此基础上建造(图 3-6)。

（a）人工岛模型图

（b）造岛的圆柱形钢筒

图 3-6　港珠澳大桥人工岛建造相关图例

【案例分析】

120个钢圆筒筑起"定海神针"，看似简单，其实用钢圆管的方式在深海形成人工岛可是一项全新的工艺。深海筑岛，非一日之功，历经了重重难关。中国工程师的构想展示了中国首创精神。

【育人功效】

"世纪工程"港珠澳大桥被誉为"当代世界七大奇迹"之一，是"一国两制"框架下粤港澳三地首次合作建设的大型跨海交通工程。港珠澳大桥中的海底隧道工程属于国内首创，120个钢圆筒筑起的"定海神针"，非一日之功，历经了重重难关，展示了中国首创精神。

10. 地球标准照——中国版"蓝色弹珠"（中国力量的体现）

【对应知识点】圆球

【思政元素案例】中国版"蓝色弹珠"

在 2017 年 9 月的几天里，微信启动界面上的地球照片，启动页背景中的地球图片由非洲大陆上空视角，变成了我们的祖国上空。中国版的"蓝色弹珠"寓意从"人类起源"到"华夏文明"的历史发展，旨在向亿万微信用户展示我国大好河山风貌。

【案例分析】

中国版的"蓝色弹珠"，是由我国中科院自主研发的风云四号气象卫星，在离地球表面三万六千千米的轨道上拍摄的。它是由三种不同波段的颜色组合成了一幅彩色图，它就是地球的标准照。

【育人功效】

中国版"蓝色弹珠"是由我国新一代静止轨道气象卫星风云四号 A 星拍摄的。它可以给地球表层的大气层做 CT 一样的切片，体现了我们国家在气象卫星上跨越式的发展。

11. 全球最佳高层建筑——央视大楼（中国精神）

【对应知识点】切割体的投影作用

【思政元素案例】全球最佳高层建筑——央视大楼

中央电视台总部大楼（图 3-7）2007 年 12 月 24 日被美国《时代》周刊杂志评选为 2007 年世界十大建筑奇迹之一；2013 年 11 月 7 日获世界高层都市建筑学会"2013 年度全球最佳高层建筑奖"。主楼的两座塔楼双向内倾斜 6°，在 163 米以上由"L"形悬臂结构连为一体，总体形成一个闭合的环，从技术上讲，这座建筑存在很大难度。这样一种回旋式切割结构在建筑界还没有现成的施工规范可循。

图 3-7 央视大楼外观图

【案例分析】

通过央视大楼的外观"切割体"的设计，我们体会到"不惧权威、敢于尝试、无所畏惧、高度自信"的中国精神。

【育人功效】

建筑最高的层次是文化，文化是建筑的灵魂。通过建筑来表现我们的时代是建筑师历史的责任。通过央视大楼的外观"切割体"的设计，体会到"不惧权威、敢于尝试、无所畏惧、高度自信"的精神，这种精神也正是中国在新时期展现出来的精神。

12. 临高角灯塔和守塔人的故事（厚植家国情怀）

【对应知识点】两曲面体相贯线的投影作图

【思政元素案例】临高角灯塔和守塔人的故事

临高角灯塔（图 3-8），被评为"世界一百座文物灯塔"之一，它不仅有自己的传奇经历，也有着守塔人的传奇故事。灯塔见证了侵略者入侵中国的屈辱，也见证了中国共产党解放海南的历史。守塔人王光民独自守护灯塔 30 多年，日复一日，年复一年，重复着他冲洗灯塔，点亮灯塔，打扫卫生，更换器材，直到退休，又由他的儿子接替了他的工作。

图 3-8　临高角灯塔

【案例分析】

临高角灯塔塔顶的回转体相交的造型（图 3-9），将各种回转体灵活的运用，淋漓尽致的体现形态之美且经久不衰。同时守塔人的传奇故事令我们感受到深厚的家国情怀。

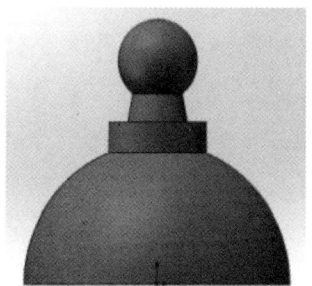

图 3-9　回转体相交造型

【育人功效】

通过回转体交线的绘制，我们在体会形态之美的同时，更为守塔人的传奇故事所感动。灯塔守护着船员，守塔人守护着灯塔，家人守护着守塔人，一棒接着一棒，爱得到传承，他们在生命的旅途中陪伴彼此，交织出属于他们的篇章。

13. 武汉火神山医院建设（中国速度/中国力量）

【对应知识点】轴测图的基本知识

【思政元素案例】武汉火神山医院建设

2020年初中国遭遇新型冠状病毒疫情，蔓延形势非常严峻。新建集中收治疫情患者的医院迫在眉睫。火神山医院，总建筑面积超过3万平方米，架设箱式板房近两千间，接诊区、病房楼、ICU俱全。这个按照常规流程至少要两年时间、建筑面积相当于半个北京"水立方"的"战地医院"，从开始设计到建设完工，仅历时10天，对疫情防控产生重大意义。项目设计是由中信建筑设计院等设计机构连续奋战，5小时内完成场地平整设计图，24小时内绘出方案设计图，60小时内交付全部施工图并无偿提供图纸。项目由中建三局、武汉建工、武汉航发和汉阳市政四家企业联合施工。

【案例分析】

正投影图能准确地反映物体的形状和大小，且便于度量，作图简单，工程上广泛应用，但缺点是立体感不强，直观性差。轴测图能同时反映物体长、宽、高三个方向的形状特征，接近于人们的视觉习惯，富有立体感，易于看懂，但不能反映物体的真实形状和大小，度量性差，工程上常用作辅助性的技术图样，常用来说明产品的结构和使用方法等。

【育人功效】

24小时完成出图，10天高质量交付使用，这些数据刷新着"中国速度"。这是一场与时间争分夺秒的赛跑。每个工人，每台装备，就像一颗颗螺丝钉、一个个零部件，紧密扣在一起，驱动着这台巨型机器，迅速搭建起一座抗击疫情的"安全岛屿"。这就是守望相助、众志成城、心手相连、比肩同行的伟大精神。

14. 3D 立体斑马线（遵纪守法）

【对应知识点】正等轴测图

【思政元素案例】3D 立体斑马线

2017 年交通运输部安全管理局在网上发布了一组数据：近三年来全国在斑马线上发生了 1.4 万起的交通事故，导致 3 896 人死亡。传统的斑马线在夜间、雨天、雾霾天发生的事故是平常的五倍。而 3D 立体斑马线（图 3-10）由红白黄三色组成，从司机的角度看，斑马线的立体效果非常明显。这些涂料中含有玻璃珠，具有反光作用，白天和夜晚都有立体效果。3D 立体斑马线提醒机动车驾驶员通过斑马线时减速缓行，突出"车让人"的安全意识，让文明交通成为更多人的自觉行为。新斑马线出现后，过往车辆大都自觉在经过斑马线前减慢车速，行人横过马路时也被新斑马线吸引而自觉走斑马线，行人、车辆都更愿守规矩了，交通安全更有保障，道路上也多了一条风景线。

图 3-10 道路斑马线

【案例分析】

传统 2D 斑马线立体感不强，直观性差。3D 立体斑马线采用的是正等轴测图的画法，立体感强，提醒驾驶人减速慢行。

【育人功效】

"无规矩不成方圆",法治必是规则之治。不管是驾驶人还是行人都应该严格遵守交通规则,敬畏生命、尊重权利,让文明交通成为我们的一种自觉行为,让相互礼让成为我们的一种习惯。从传统的2D平面斑马线到3D立体斑马线,再到智能斑马线,人们对斑马线不断改进,让斑马线真正成为行人安全的守护线。

15. 轴测图在《清明上河图》中的应用(传承民族文化)

【对应知识点】斜二轴测图

【思政元素案例】轴测图在《清明上河图》中的应用

中国十大传世名画之一《清明上河图》(图3-11)是中国现实主义绘画的典范。画中生动记录了北宋都城汴京的城市面貌和当时各个阶层人民的生活状况。众多的绘画元素集于一幅画之上,但并不让人觉得拥挤。高低错落的建筑并不完全遵循西方焦点透视理论,也没有将物体停留在近大远小的一瞬间,而是真实地再现了现实生活中的物体。画家张择端以独特的思维,巧妙地采用了多种轴测图法相结合的方式,将大场景的绘画处理得恰到好处,在视觉上与观者产生共鸣。

图3-11 清明上河图

【案例分析】

图中除了使用正等轴测图之外,还大量运用了斜二轴测图的画法。轴测图法广泛应用于中国传统绘画艺术中。轴测图作为一种表现物体空间的方法,摆脱了视点的束缚,保留了现实物体的客观原型。轴测图所营造的绘图空间相比起源于西方的焦点透视更容易再现事物的本质。

【育人功效】

15世纪，透视学在意大利蓬勃发展，从此焦点透视法深入人心。在透视学研究的热潮下，传统绘画空间的感知受到了挑战。轴测图法作为中国传统绘画空间表现的一种特殊方法，不仅能够有效的解决画面空间表现问题，还能体现中国传统审美思想，但在焦点透视盛行后已被淡化甚至被否定。在这个创新的时代，我们仍需找寻并遵循其文化根源及民族特征，将传统审美思想继续传承和发扬。

16. 从一支太空笔的设计体会化繁为简的智慧
（方法论/三观）

【对应知识点】 组合体的形体分析

【思政元素案例】 从一支太空笔的设计体会化繁为简的智慧

美国太空署曾遇到过一个难题：怎样设计出一种笔，它能够帮助宇航员在失重的情况下，方便地握在手里，书写起来流利，且不用经常灌墨水。在绞尽脑汁都想不出解决问题的方法后，太空署只好求助于社会公众。最后，最有效的方法来自一位小女孩，她的建议是："试一试铅笔吧，如何？"问题就如此简单地解决了。

【案例分析】

在思考问题时，需要将复杂困难的问题转换为简单容易的问题，将生疏问题转换为自己熟悉的问题，学会变通。要学会透过现象看本质，当面对一个很复杂的问题时，先要看它的本质和核心，找到了本质和核心才可以有的放矢，从中找到新的、更好的办法。

【育人功效】

面对纷繁复杂的问题，做事的思维和方法应该从简切入，以简驭繁，化繁为简，避免陷入繁中添乱、漫无头绪的窘境。本节学习的形状复杂的组合体，我们可以分解成由若干基本几何体构成。在画图和读图时就能化繁为简、化难为易，提高画图速度，保证画图质量。

17. 大国工匠手中的神奇"画笔"（脚踏实地/循序渐进）

【对应知识点】 画组合体视图

【思政元素案例】 大国工匠手中的神奇"画笔"

大吨位移动起重机是工程装备行业公认的科技含量最高、研发难度最大的产品之一。它的难点在于大吨位和移动，一个要求起重机更强、更结实，一个要求起重机移动更加便捷。两者看似矛盾又要兼顾。解决的办法是采用强度高、质量轻的钢材，而板材的焊接质量就是关键所在。我国自主研制的全球最大吨位全地面起重机——徐工1600吨9桥起重机，由2万个零部件组成，其中结构件有7 000个，将近8 000条焊缝需要人工焊接，焊接工艺要求非常复杂，能够做到的人就像"魔法师"一样。这个"魔法师"就是我们的大国工匠张怀红，他手中的焊枪就像一支画笔，勾勒出一条条"完美"的焊缝。"完美"的背后是辛勤的付出，工作20年，经他手焊过的焊道超过了40万米，相当于45座珠穆朗玛峰的高度，他在自己的岗位上精益求精，专心专注，保证每个产品都是精品，最终成为企业焊工队伍的领军人才。

【案例分析】

平凡的岗位不平庸。把简单的事情做好就是不简单，把平凡的事情做精就是不平凡。

【育人功效】

不积跬步，无以至千里；不积小流，无以成江海。"完美"的背后一定是辛勤的付出。学习是一个脚踏实地、循序渐进的过程。知识的积累也是从量变到质变的过程。基本体的绘制是组合体绘制的基础，组合体的绘制又是零件图的基础，零件图的绘制又是装配图的基础。只有基础打好了，才能保证组合体绘制的质量和速度。所以我们一定要多练习、多实践。

18. 测量系统单位不同，导致卫星迷失太空
（认真负责/踏实敬业）

【对应知识点】组合体的尺寸标注

【思政元素案例】测量系统单位不同，导致卫星迷失太空

美国宇航局和洛克希德马丁公司曾共同建立过一个卫星，但不久就迷失在太空中，造成了约1.25亿美元的巨大损失。而这一灾难的根源，仅仅是因为二者使用的测量系统的长度单位不同，美国宇航局使用的是公制测量系统，而洛克希德马丁公司使用了英制测量系统。

【案例分析】

无论何时，细节都是决定成败的关键。我们一定要养成认真负责、踏实敬业的工作态度，以及严谨细致的工作作风。

【育人功效】

我们在标注尺寸时，一定要养成认真负责、踏实敬业的工作态度以及严谨细致的工作作风。职业道德的养成需要我们从小事做起，从细微处入手，从日常的练习中培养良好习惯，久而久之，习惯就会成为一种自觉的行为。

19. 飞机楼的联想（中国梦/强国梦）

【对应知识点】读组合体视图

【思政元素案例】飞机楼的联想

图3-12（a）是一座飞机楼。1932年"一·二八"事变中，中国上海惨遭日军轰炸，1933年，人们集资十万建造了这座飞机楼，飞机强国的梦想由此萌发。84年后的2017年5月5日，中国自主研发国产大飞机C919首飞成功[图3-12（b）]。中国人以钉钉子的精神完美完成了从一面视图"飞机楼的梦想"到C919"伟岸身躯"的试飞成功。

【案例分析】

当个人的梦想和国家、民族的梦想结合起来的时候,才能迸发出惊人的力量。我们分析问题,要全面、发展地看问题。我们读组合体的视图时,一面视图是不能够确定物体的空间形状的,需要将几个视图联系起来才能确定立体的空间形状。

(a)飞机楼　　　　　　　(b)C919大飞机

图3-12　飞机楼与C919大飞机

【育人功效】

中国梦是每一个中国人的梦,是人民幸福之梦,是国家富强之梦,是中华民族伟大复兴之梦。个人的梦和国家的梦、民族的梦是统一的、相互促进的。有了梦想,更需要持之以恒、久久为功的精神去实现梦想。

我们要用联系、变化、全面、发展的眼光来分析问题。读组合体的视图时,需要将几个视图联系起来才能确定立体的空间形状。解决问题要抓主要矛盾。组合体的特征视图是读组合体的一个主要矛盾,找到整体特征和局部特征视图,想象组合体的形状,从而解决组合体的一系列问题。我们要培养逻辑思维与辩证思维能力,用唯物辩证法的思想看待和处理问题。

20. 从递东西的细节中体会换位思考(换位思考/人性修养)

【对应知识点】视图

【思政元素案例】从递东西的细节中体会换位思考

叶圣陶先生在教育子女要多为他人着想时曾举过一个例子:一位父亲让儿子递给他一支笔,儿子随手递过去,却把笔头交在了父亲手里。

父亲就对儿子说："递一样东西给人家，要想着人家接到了手方便不方便。你把笔头递过去，人家还要把它倒转来，倘若没有笔帽，还要弄人家一手墨水。刀剪一类物品更是这样，绝不可以拿刀口刀尖对着人家。"

【案例分析】

换位思考，为他人着想，是一种修养，是一种素质，更是一种睿智的体现。我们要树立为他人服务、方便他人的思想。机械图样中除了三视图可以表达机件外，国家标准又规定了机件的各种表达方法，以便绘图和读图更简单、清晰，方便他人画图和看图。

【育人功效】

所谓换位思考，就是从对方的立场来看事、看人，设身处地为他人着想。我们在绘制机件外形时，首先要从方便他人读图的角度考虑，灵活运用基本视图、向视图、局部视图和斜视图等各种表达方法。在生活中，凡事设身处地，换一角度为他人着想，原本疑惑不解的问题都可能会变得豁然开朗。

21. 月背剖面图（大国航天崛起）

【对应知识点】剖视图

【思政元素案例】月背剖面图

2019年1月3号10点25分53秒，嫦娥四号探测器成功着陆在月球背面[图3-13（a）]。人类的探月历程又登上了新的高峰。玉兔二号在月球背面刻上了人类第一个足迹[图3-13（b）]。中科院在2月27日发布了月球地下结构的剖面图[图3-13（c）]，而这个剖面图的完成离不开玉兔二号月球车从月球背面传回的月球CT图。科学家通过CT图了解到月球地下结构，让人类首次揭开月背的神秘面纱。

【案例分析】

我们通过月背剖面图了解到月背的地下结构，沿玉兔二号行走的106米路径，在深度40米的范围内，识别出三个地层单元。月背剖面图可以帮助我们了解月球撞击和火山活动历史，有望为分析月背的地质演化带来新的启示。

（a）嫦娥四号探测器着陆

（b）探测器在月球背面留下足迹

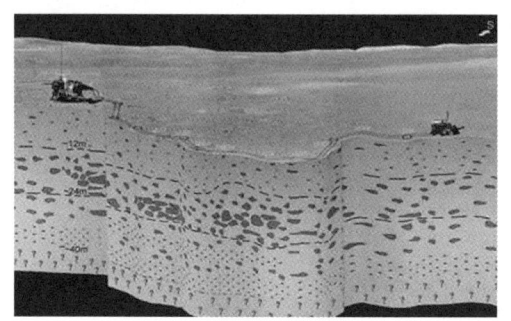

（c）月球地下结构剖面

图 3-13　嫦娥四号探测器着落月球

【育人功效】

　　空天技术是一个国家科技实力的重要标志，也是一个国家综合国力的重要体现。神州、嫦娥、天宫、玉兔这些凝聚着先祖想象的名字，今天已成为一个个航天重器，巡弋九天之上，实现了中国的空天强国梦。外表看似简单的物体，内部结构可能非常复杂，需要我们用剖视图来表达。月背的剖面图为我们分析月背的地质演化带来新的启示。随着科技的发展，人们将会更深入地了解月球。

22. 火车钢轨的截面形状表示（中国制造）

【对应知识点】断面图

【思政元素案例】火车钢轨的截面形状表示

型钢是一种有一定截面形状和尺寸的条形钢材。你们知道不同的截面形状用什么图来表示吗？什么截面形状适合做火车钢轨吗？机件的截面形状我们一般用断面图来表示。钢轨的断面形状采用具有最佳抗弯性能的工字形断面[图 3-14（a）]。在列车车轮的巨大压力下，钢轨不可避免的产生各种损伤[图 3-14（b）]，钢轨的检测和维护非常重要。而有些伤损发生在钢轨的内部，一般是采用超声波探伤方法进行全断面探测，及时准确地发现各种伤损，并根据伤损情况及时采取整治措施，以确保铁路运输安全。

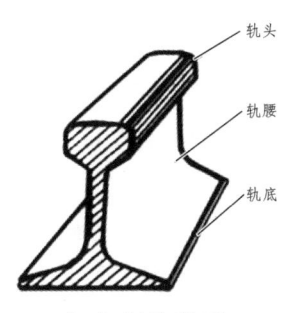
（a）钢轨断面

（b）钢轨断面鱼鳞裂纹

图 3-14　火车及其钢轨断面图

【案例分析】

钢轨的检测一般靠工人在夜间进行，工人们一晚上要走几十千米的路程。无数个长夜里，在茫茫戈壁上，普通的探伤工人以他们的坚守和付出，呵护着中国高铁运行的安全。

【育人功效】

我国的高铁发展日新月异，我们拥有数条世界之最的铁路线路：世界最高海拔的铁路青藏铁路，世界上纬度最高的高铁哈大高铁，世界上速度最快的高铁复兴号。随着中国制造技术和工艺水平的提高，如今中国高铁引领世界，高铁已成为中国外交的新名片。钢轨对高铁的高速运行起着非常重要的作用。钢轨的截面形状一般用断面图来表达。细细的钢轨凝聚着无数人默默的坚守与付出。

23. 论标准的重要性

【对应知识点】螺纹和螺纹紧固件

【思政元素案例1】被吹飞的机长

英国航空公司BAC1-11 5390航班1990年6月10日早晨7点20分从伯明翰国际机场起飞，飞往西班牙马拉加。在英国牛津郡迪德科特上空17 300英尺（约5.27千米）处，飞机机头左边的风挡玻璃破裂脱落，机长被吸出窗外，挂在机身外侧，驾驶舱内三名惊慌失措的空服人员抱着他的双腿。最终在副驾驶的操作下，7点55分飞机成功降落在英国南安普敦机场。调查组历时两年完成调查，报告显示，班机出事前27小时曾更换风挡玻璃，该型号的飞机安装在风挡玻璃中的螺钉型号是8D，而技师在寻找新螺钉时并没有参照飞机的维修手册和零件目录，而是直接拿着旧螺钉，用肉眼比对直径的方法找到了新螺钉，型号是7D，直径比8D仅小了0.127 mm，用肉眼很难分辨出来。安装在风挡玻璃里的90颗螺钉中，84颗的直径比标准小一个型号，是导致玻璃破碎的直接原因。

【思政元素案例2】武汉天兴洲长江大桥

2014年，武汉天兴洲长江大桥[图3-15（a）]"三索面三主桁公铁两用斜拉桥建造技术"荣获国家科技进步一等奖，2010年曾获国际桥梁大会乔治·理查德森大奖。大桥正桥全长4 657米，主跨504米，大桥路面铺设4条铁路线，是中国首座四线公路铁路两用斜拉索桥，创下了跨度、荷载、速度、宽度4项世界第一。它的各项施工标准都非常高，其中最后桥梁合龙时需要用7 000个高强度螺栓[图3-15（b）]同时零误差穿到7 000个栓孔里，栓孔的位置精度要求非常高，难度是极大的。

(a)天兴洲长江大桥

(b)桥上的高强度螺栓

图 3-15　武汉天兴洲长江大桥及其附属螺栓

【案例分析】

在各种机械设备中，广泛使用螺栓、螺母、键、销、滚动轴承、弹簧、齿轮等零部件。结构和尺寸全部标准化的零部件称为标准件，结构和尺寸部分标准化的零部件称为常用件。国家制图标准规定了标准件和常用件的画法、代号及标记，我们在设计和选用时必须严格遵守国家标准。

螺栓连接是将螺栓的杆身穿过两个被连接件的通孔，套上垫圈，再用螺母拧紧，使两个零件连接在一起的一种连接方式。天兴洲长江大桥见证了中国大桥建设者自力更生的奋斗过程，不管是设计、材料还是施工方法，都在不断地进步。

【育人功效】

失之毫厘，谬以千里，螺钉一个型号的误差导致了一场严重的航空事故。所以我们一定要培养遵守国家标准的职业素养和一丝不苟的职业态度。

螺钉虽小，却能挑起千斤重担。正如中国桥梁建造者们留给我们的宝贵的精神财富。建设者们用他们的智慧和艰辛换来了一条条大道的通通畅畅，砌筑了一座座沟通经济血脉的隧道和桥梁。中国的桥梁建设取得了令世界瞩目的进步和发展。

24. 销钉脱落故障，引发世界首次 660 千伏带电作业
（细节决定成败）

【对应知识点】键连接和销链接

【思政元素案例】世界首次 660 千伏带电作业

银东线是我国西电东送的重要通道，通过正负 660 千伏超高压直流输电线，将宁夏的电输送到山东，仅仅就这一条线就支撑了山东省十分之一的用电量。有一次在工作人员利用直升机对线路进行巡检时发现，输电线路上有一个固定高压线的小零件销钉脱落了下来，这个销钉每隔 600 米就有一组。如果长时间不理会这个脱落点，就可能引发导线脱落，造成单极断电甚至危及高压铁塔附近区域的安全，更为严重的是，引发山东电网乃至整个华北电网的连锁反应。维修方法是在脱落的地方插一个新销钉，但需要在 660 千伏超高压环境下带电作业（图 3-16），危险程度可想而知。在多方共同努力下，最终由山东电力集团超高压公司技术员王进登上 60 多米高空出色地完成了这次世界级高难度任务，也创造了一个 660 千伏超高压线电力作业的世界纪录。

【案例分析】

销钉虽小，但在整个设备中却是不可缺少的一部分，起到了非常重要的作用。在这些国家工程的背后，有一批朴实平凡、默默无闻的技术人员，他们在敢于尝试的危险领域发挥着技艺和胆量，同时也用自己默默的坚守诠释着他们的爱国情怀。

图 3-16　带电作业

【育人功效】

键和销是我们在生活中广泛使用的标准件。零件虽小，但作用不容忽视。任何一项工程，都可以分解成为无数个细节，无数个细节严格执行，才能确保各项任务的最终成功。

25. 中国古代齿轮的应用（团队合作意识）

【对应知识点】齿轮

【思政元素案例】中国古代齿轮的应用

公元前 400 年至前 200 年间，中国就开始使用齿轮，中国山西省出土的青铜齿轮是迄今发现的最古老齿轮。汉代时期因齿轮而生的龙骨水车和水转连磨[图 3-17（a）]极大地促进了农业生产力。东汉时期的马钧利用齿轮发明了指南车[图 3-17（b）]。晋朝时，中国又出现了利用齿轮的记里鼓车[图 3-17（c）]。齿轮是关键基础零部件。齿轮的精密程度直接决定了机器的优劣。

（a）水转连磨复原模型

（b）指南车复原模型

(c)记里鼓车复原模型

图 3-17 中国古代齿轮的应用

【案例分析】

我国古代科学家的聪明智慧令人叹服。齿轮是靠轮齿的互相啮合而工作的。在齿轮传动中，若一个齿轮发生失效，则整个齿轮系统将无法继续工作。

【育人功效】

中国古代科学家对于齿轮的巧妙应用令我们叹服。在齿轮传动中，若一个齿轮发生失效，则整个齿轮系统将无法继续工作。这好比个体与集体的关系，个体思想出现偏差，素质不达标，则会影响整个集体的发展。当所有个体具备集体责任感与荣誉感，这一集体必会运转良好；同时当集体高效率运转时，反过来也可以激发自身的发展。所以我们要有团队合作意识，把小我融入大我之中，为集体发挥最大的作用。

26. 大直径国产主轴承助力盾构机完全国产化
（细节决定成败）

【对应知识点】滚动轴承

【思政元素案例】大直径主轴承助力盾构机完全国产化

盾构机作为装备制造业的标志产品，是当今世界最先进的隧道挖掘超大型专用设备之一。轴承是盾构机的核心关键零部件之一。2019 年 1 月 14 日我国首台 11 米级盾构机国产主轴承研发成功（图 3-18），将进一步推动盾构机核心部件国产化，轴承能够满足大直径盾构机连续使用

10 000 小时。打破大直径主轴承技术壁垒，实现对盾构机制造及再制造完全国产化的新跨越。

【案例分析】

轴承是机器中的基础元件，广泛应用于各行各业的机械产品中，被誉为机器的"关节"。凡使用轴承的产品，其性能、精度、寿命、可靠性等都与轴承密切相关。在一些高科技产品中，轴承已被视为核心元件。一个国家轴承工业的实力已经成为体现国力的一个重要方面。

图 3-18　国产主轴承助力盾构机

【育人功效】

轴承是装备制造业中的关键性零部件，机械装备的性能、质量和可靠性都取决于轴承的性能。近几年我国轴承工业已形成一整套独立完整的工业体系，无论从轴承产量，还是轴承销售额，我国都已经迈入轴承工业大国行列。我国轴承行业的技术含量与国际先进水平的差距，也在逐年减小，高端轴承产能不足的现状不断改进。核心技术和专有技术是没法引进的，只能靠我们艰苦奋斗、脚踏实地去创新。

27. 弹簧的发明和应用（科学探知/永无止境）

【对应知识点】 弹簧

【思政元素案例】 弹簧的发明和应用

弹簧是人类发明的最重要的机械零件之一。虽然类似弹簧的装置在古希腊就出现了，但是因为材料的问题和其他机械不配套，因此无法产生普遍的应用。现在使用的螺旋线弹簧，出现在15世纪中期。今天已经无法了解它的发明人是谁了，而让我们知道当时有这项伟大发明的是半个世纪后德国锁匠彼得·赫莱恩，因为他在使用这种螺旋线弹簧发明了一种钟表，有文献记载该钟上一次弦可以走40年。赫莱恩使用弹簧存储能量，并且慢慢释放它。为了让弹簧能够不断地收缩伸张而不至于折断，赫莱恩和其他钟表匠做了大量的工作，他们研究弹簧的长度、螺距和金属丝粗细的关系，甚至研究材料和弹性系数的关系。经过他们的努力，弹簧变得非常经久耐用，并且逐渐被用到钟表以外的机械中。

【案例分析】

在工程设计中没有最好，只有更好，只有不停地去完善你的产品，才能推动这个产品不停地改进、提高和发展。

【育人功效】

弹簧是人类发明的最重要零件之一，从弹簧的发明到应用经历了近半个世纪的时间。弹簧之所以得到普遍应用是因为不断改进和创新。爱迪生为了改进电灯泡，测试了几千种材料。居里夫人花了四年时间从几十吨废渣中才提炼出0.1克镭。屠呦呦为了提取青蒿素，试验了191次才获得成功。远不止这些，人类几乎每一项让我们受惠的科学技术的出现，都经历了不止一代科学家在不计其数的错误中一点点地接近真相，科学是场接力赛，永无止境。

28. 12年打造一颗"中国心"(付出必有收获)

【对应知识点】零件图概述

【思政元素案例】12年打造一颗"中国心"

在船舶行业,发动机被称为船的心脏。上海沪东重机用12年打造一颗船舶的"中国心",这就是中国第一台自主设计建造的船用低速柴油发动机(图3-19),可以给一艘载重25 000吨的轮船提供动力。它体形惊人,高7.2米,质量81吨,上面有几千种零部件,任何一个零部件出现问题,都有可能影响到整个机器的运转,所以大部分零件都需要经过反复验证和修改。有一次工人发现试验数据有问题,原因竟是一个小活塞长度不合适,不仅增大发动机油耗,还会影响发动机寿命。为了解决这个问题,工作人员花了整整一个月的时间,对小活塞的尺寸反复计算和修正,最终才确定了小活塞的零件图。

图3-19 船用柴油发动机

【案例分析】

零件是组成机器或部件的基本单元。表示零件结构、大小及技术要求的图样称为零件工作图,简称零件图,零件图是制造和检验零件的重要依据。

【育人功效】

任何一台机器都是由若干零件组装而成的,任何一个零件出现问题都会影响整个机器的运行。所以我们要把小我融入大我之中,把个人的前途和命运与集体的前途和命运联系在一起,担当起民族复兴的历史责任。

29. 尺寸标注合理性分析（学会换位思考问题）

【对应知识点】 零件图中的尺寸标注

【思政元素案例】 尺寸标注合理性分析

某公司设计一个轴套零件,内部为阶梯孔结构,甲、乙两个设计人员在尺寸标注上存在分歧,甲标注尺寸如图3-20（a）所示,乙标注尺寸如图3-20（b）所示。他们标注的尺寸都符合我们之前讲的标注原则,但请大家思考哪个更合理?

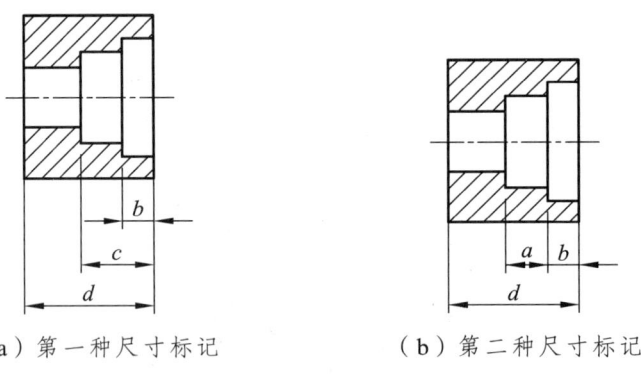

（a）第一种尺寸标记　　　（b）第二种尺寸标记

图3-20　轴套零件的尺寸标记

【案例分析】

零件上各部分的大小是按照图样上所标注的尺寸进行制造和检验的。零件图中的尺寸,不但要按前面的要求标注得正确、完整、清晰,而且必须标注得合理。所谓合理,是指所注的尺寸既符合零件的设计要求,又要从加工人员和检验人员角度考虑,不便于加工和检验的尺寸也是不合理的。我们要多站在他人的角度考虑问题。

【育人功效】

设计人员在标注尺寸时，不仅要标注得正确、完整、清晰，而且又要站在制造人员和检验人员的角度考虑，便于加工和检验。这也是换位思考的一种体现。当你学会换位思考的时候，就会在遇到问题时多站在别人的角度看问题，设身处地地为别人着想，这样才能够更多地理解别人、宽容别人。在生活中，当与同学发生矛盾时，要学会换位思考，化干戈为玉帛，重建良好的友谊。

30. 一个高温熔点导致价值数百万的桨毂报废
（细节决定成败）

【对应知识点】 常见的零件工艺结构

【思政元素案例】 一个高温熔点导致价值数百万的桨毂报废

70周年国庆阅兵中，"70"字样编队（图3-21）中的"7"字是由8架直-10武装直升机（图3-22）组成的。直-10是中国直升机工业和陆军航空兵从无到有，由弱变强的一个转折点，中国开始成为世界直升机工业的一支新生力量。直-10是由中国独立自主研发，从1988年到2010年经过22年的刻苦攻关，最后取得了成功。当然这期间也经历了很多挫折。桨毂是直升机的关键部件，价值数百万，第一次做实验时预计使用寿命是3个月，然而却在第一天就坏了，工作人员把关键部位切开，通过理化分析，发现是由一个高温熔点导致的轻微裂痕造成的。工作人员排查了零件加工的每一个步骤，最终确定是由于零件加工工艺设计不合理导致的。

图3-21　70周年国庆阅兵飞机阵型

图 3-22　直-10 武装直升机

【案例分析】

工艺规程制订得是否合理，直接影响工件的质量、劳动生产率和经济效益。零件图是进行工艺分析的重要依据。画零件图时，在零件图上应反映加工工艺对零件结构的各种要求。零件的结构工艺性是评价零件结构设计优劣的重要指标。

【育人功效】

70 周年国庆阅兵总共有各种飞机 160 余架，这些飞机都是我国自主研发、制造的现役主战装备。从 1958 年开始涉足直升机生产至今，我国的直升机工业经历了引进专利、改装国产、合作开发和自主研制的发展历程。目前，我国已可自主研制新一代武装直升机，且直升机生产能力已在追赶世界先进水平。

一个微小的高温熔点就导致了价值数百万桨毂的报废，可见零件结构工艺性的重要性。"千里之堤，溃于蚁穴"，世事无小事，只要是你生活和工作的一部分，就值得你去重视。

31. 从箭镞看秦朝的统一技术标准（民族文明）

【对应知识点】机械图样中的技术要求

【思政元素案例】从箭镞看秦朝的统一技术标准

箭是秦始皇兵马俑中出土最多的一种兵器（图 3-23），目前，考古工作者已经清理出土了箭镞 4 万多个，令人惊讶的是这些箭镞都是按照统一的技术标准来进行生产的。从外观上来看，这些箭镞的大小和形状几乎没有任何差异，对它们的误差只能采用更加精确的方式来测量。据专家抽样测量，不同箭镞的主面宽度的平均误差为±0.267毫米，而主面长度的平均误差为±0.572毫米。这些箭镞的误差竟然只有2%左右。而且，在兵马俑里发现的这些箭支是用于弩机的，因此弓弩机也需要按照统一的技术标准来制造，以便两者更好地契合。根据测量，兵马俑中出土的弩机关键零部件都做了非常精细的打磨，平均误差仅约±1.9毫米，悬刀（扳机）、望山（瞄准器）等零部件甚至可以在不同的弩机中替换使用。

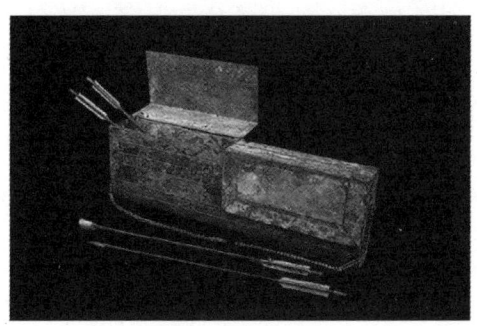

图3-23　箭镞

【案例分析】

这一套统一的技术标准，对秦的历史产生了深远的影响。这些零件都具有互换性，互换性是机械制造、仪器仪表和其他许多工业生产中产品生产和制造的重要原则。

【育人功效】

我国秦朝的标准化制度比西方国家的生产技术革命的标准化制度早两千多年。

32. 上海市第三中级人民法院首起侵犯商业秘密案
（职业道德）

【对应知识点】读零件图

【思政元素案例】上海市第三中级人民法院首起侵犯商业秘密案

2017年7月21日，上海市第三中级人民法院对该院首起侵犯商业秘密案作出一审判决：被告人平某在甲单位工作期间，利用职务便利，获取了原单位研发的某生产线整套技术图纸。2013年6月，平某从甲单位离职，加入乙单位，由方某聘任为公司顾问，负责技术指导。在乙单位研发同类型生产线设备的过程中，平某将其从原单位非法获取的技术图纸披露给乙单位机械设计部经理和技术核心人员龚某使用。龚某利用上述技术图纸，设计制造了同类型生产线设备。期间，龚某告知方某该生产线设备存在侵犯知识产权权益的情况。方某为谋取公司利益，允许公司继续生产并实际对外销售。被告单位和3名被告人均构成侵犯商业秘密罪，被告单位被判处罚金人民币500万元，3名被告人被依法作出二年有期徒刑等不同处罚。

【案例分析】

技术图纸对企业非常重要，具有知识产权，泄露图纸对企业危害严重，并且要负法律责任，所以大家要树立保密意识，遵守职业道德和法律规范。

【育人功效】

职业道德是一种职业规范，工程师应具备诚实、守信、敬业、对科技进步永远充满信心、敢于攀登的品德。零件图是企业的核心技术文件，具有知识产权。泄露图纸属于违法行为。我们要遵守职业道德和法律规范，树立保密意识。

33. "新海旭"号挖泥船实现系统100%国产化（科技创新/强国筑梦）

【对应知识点】装配图概述

【思政元素案例】"新海旭"号挖泥船实现系统100%国产化

海上大型绞吸疏浚装备俗称挖泥船，是海上资源开发、港口建设、填海造地、航海疏浚等海上工程作业离不开的大型特种装备。2000年之前，我国大型挖掘船基本都是进口的，价格非常昂贵。由上海交通大学船舶设计团队牵头的世界上最大、最先进的海上非自航绞吸疏浚装备"新海旭"号（图3-24）是我国自主设计和建造的，被称为国之重器，从整个船的设备系统，包括挖掘系统、输送系统、定位系统、疏浚控制系统，完全自主可控，系统100%实现了国产化，研制周期缩短了44%，成本只有国外同类产品的50%，各项技术在国际上都是领先的水平。

图 3-24 "新海旭"号挖泥船

【案例分析】

科技创新是一个国家发展的动力。工欲善其事必先利其器，大国重器一定要牢牢抓住自己手里。装配图是用来表达机构或机器的一种图样，是进行设计、装配、检验、安装、调试和维修时所必需的技术文件。

【育人功效】

从无到有，从整船进口到国内自主设计建造，再到领先于世界。我国一跃成为世界疏浚大国和强国。

任何一台机器都是由若干零部件组装而成的。每种零件都起着不同的作用，相互协调，共同完成任务。正如我们每个人在社会中扮演着不同的角色，承担着不同的责任，协同合作，共同发展。

34. 标准为中国质量作证（国家话语权的建立）

【对应知识点】装配图图样画法

【思政元素案例】标准为中国质量作证

2012年，载有乘客和船员共4 229人的意大利游轮"歌诗达·康科迪亚"号触礁搁浅，震惊世界。这起事故造成33人死亡，耗资6.12亿美元建造的邮轮毁于一旦，而事故原因正是船长判断失误，偏离航线，触及了暗礁。能给船舶装上大脑，让它们能够辅助船长更加精准地判断吗？2017年12月5日中国打造出了全球第一个智能船舶控制系统"大智号"，它被称为"智慧大脑"。虽然中国已经拥有完全自主知识产权的智能船舶控制系统，但由于国内没有配套的装备，"大智"号上大量的传感器和设备都需要从国外采购，而且中国造船业接受的大多数都是国外订单，船东更加信任技术先进的国外企业，这也是中国虽已成为世界第一造船大国，却始终难以跻身造船强国的关键。而这一问题的背后，其实是中国标准的缺失。这就意味着中国的船舶即使有强劲的动力心脏、智慧的大脑，但是身体躯干长什么样，有哪些内脏，怎么分布，还是要听别人的，一旦标准被修改，还要重新追赶生产技术，始终被其他国家牵制。

【案例分析】

标准是企业产品生产的重要依据，是保证产品质量、提高产品市场竞争力的前提条件。当国际贸易成为趋势和主流之后，对标准的认同更是体现了对国家实力和行业水平的认同。

【育人功效】

标准是为了在一定的范围内获得最佳秩序，经协商一致制定并由公认机构批准，共同使用的和重复使用的一种规范性文件。国家制图标准规定了装配图的图样画法，我们必须严格遵守。行业标准是产品质量的技术保障，同时也是技术和经济能力的综合反映。在当今竞争日趋激烈的国际贸易中，标准已成为各国竞争的焦点之一，谁掌握了标准制定权，谁的技术转化为标准，谁就掌握了市场的主动权，谁就有说话的权利。因此，对行业标准的认可，更多的是对国际话语权的认同。

35. 螺钉松动，导致大众汽车召回事件（精益求精）

【对应知识点】 常见装配结构

【思政元素案例】 螺钉松动，导致大众汽车召回事件

1972年，大众因为车辆雨刷臂螺钉松动隐患召回了370万台车辆，覆盖1949至1969年款的车型，而两个雨刷臂可能会因为其中一个的松

动造成全面罢工，如果遇到暴雨天气，车型的过程中两根雨刷突然卡顿，其危险性可想而知。

【案例分析】

看似一个小小的隐患可能引起严重的事故，可见工程人员肩负的责任有多大。雨刮臂螺钉的松动是因为装配结构不合理导致的，一颗螺钉的松动导致数百万汽车的召回，可见装配结构的重要性。

【育人功效】

一颗螺钉的松动导致数百万台汽车的召回，其经济损失不言而喻，可见装配结构的重要性。在设计和绘制装配图时，应考虑装配结构的合理性，以保证机器性能的可靠，并给零件的加工和拆卸带来方便。一个小小的隐患可能引起严重的事故，工程技术人员在技术上需要精益求精，在工程质量上需要一丝不苟。

36. 大国工匠重现旷世兵马俑（大国工匠精神）

【对应知识点】 由零件图画装配图

【思政元素案例】 大国工匠重现旷世兵马俑

兵马俑号称世界第八大奇迹，但兵马俑刚刚出土的时候，作倒伏状，两千多年的历史积尘已经把它们压成碎片（图3-25）。如何让这个碎片化的历史文化奇迹完整地挺立起来，当时全世界没有人曾经面对过这么大的难题。中国的工匠们最终让久已"粉身碎骨"的兵马俑恢复了原身。没有哪两块碎片是完全一样的，每一块拼接都是新的挑战。在碎片堆里拼接兵马俑的过程中，只要有一块陶片位置出现错误，整个拼接过程就必须重来。拼接难度最大的是那些体积小、图案较少的陶片，为了一块陶片，有时需要琢磨十多天，反复预演数十次，甚至上百次，一件兵马俑的修复往往需要耗时一年，甚至更久。修复之后，工作人员还必须对每一个陶俑的现状图，病害图经过图纸的形式表现出来。这个图就相当于陶俑的"身份证"（图3-26）。

【案例分析】

看似一个简单的刮刀清理动作,修复者们练习了上千万次,才把握住毫厘之间的分寸。他们用自己的人生时光作为黏合剂,把无数个小碎片拼接成整体。他们是当之无愧的大国工匠。

图 3-25 兵马俑出土

(a)修复用泥土

(b)修复后成品

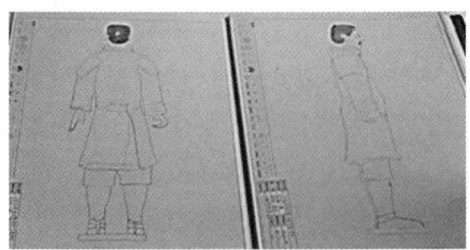

(c)病害图

图 3-26 兵马俑修复过程

【育人功效】

当威武列队的兵马俑军阵为全世界所敬仰的时候,我们真切体会到了使命的价值。在貌似重复中不断应对新问题，修复者把这份工匠式劳作变成了艺术和学问。他们成为国家文化使命的有力承担者。我们要学习他们敬业、专注、精益求精、力求完美的"工匠精神"。由零件图拼接画装配图时，需要我们了解零件之间的连接关系和装配要求，专注绘图的每个细节，绘出"完美"的图形。

37. 装配式建筑（节约资源，保护环境）

【对应知识点】读装配图和拆画零件图

【思政元素案例】装配式建筑

装配式建筑是指部分或全部配件在工厂制造，后运输到施工现场，并将配件通过可靠的装配方式组装而成的建筑（图 3-27）。传统盖房子所有步骤几乎都在工地上进行，不仅浪费巨大，而且污染环境。这种新型的装配式建筑不一样，它借鉴了制造业的手段，房子的每一个部件都严格按照要求在流水线上生产，这让材料的损耗率不到百分之三。在工地上对水电的需求也大大降低，只要几把电钻和电焊，建筑就能拔地而起。

图 3-27　装配式房屋

【案例分析】

装配式建筑具备标准化设计、工厂化生产、装配化施工、一体化装修、信息化管理、智能化应用等特点，是现代工业化生产的代表。中国已经规划未来 10 年内 30% 的新增建筑都将使用装配式方法搭建，到那时将为世界节省12%的资源消耗。

【育人功效】

2016年,国务院下发《关于大力发展装配式建筑的指导意见》,明确提出,力争用10年左右的时间,使装配式建筑占新建建筑面积的比例达到 30%。与传统建筑比,装配式建筑从设计、加工、安装、装修都更加强调标准化、模块化,效率更高,施工周期更短,资源更加节约。

我们是地球的主人,节约资源、保护环境是我们大家义不容辞的责任。通过我们的努力,使祖国的天更蓝,山更绿,水更清。

第四章

"传感器技术及应用"课程思政案例

1. 2019 中国国际智能产业博览会
（中国智能化升级正在凸显）

【对应知识点】检测技术基础

【思政元素案例】2019 中国国际智能产业博览会

2019 年 8 月 26 日，2019 中国国际智能产业博览会（以下简称"智博会"）在重庆国际博览中心开幕。

2019 智博会以"智能化：为经济赋能，为生活添彩"为主题，智汇八方、博采众长，重点围绕"会""展""赛"及"论"，集中展示全球智能产业的新产品、新技术、新业态和新模式等。对比首届智博会，2019 智博会更加突出国际化，对接国际标准，创新办展理念，拓展服务功能，进一步扩大国外嘉宾、企业参会参展的规模、范围和层次，不断提升国际影响力；更加突出专业性，聚焦人工智能、大数据、云计算、5G、区块链等全球智能技术最新成果，举办 100 多场顶级专业论坛、成果发布和赛事活动；更加突出实效性，着力打造务实高效的招商对接平台，举办系列精准招商推介活动，促成一批智能化领域重大项目合作；更加突出体验感，设立两江新区礼嘉"智慧生态城"、悦来智慧生活互动体验区，渝北仙桃数据谷智慧交通及自动驾驶示范区，重庆经开区（南岸区）智谷智能科技体验区等四个实景体验场馆，立足智慧生活、智慧生产、智慧设施三大领域，设立无人超市、智慧医疗、氢燃料汽车、智慧步道等 50 余个生活场景，全面展示智能产业最新成果和未来智慧城市生动形态。同时，智博会期间，重庆国际博览中心所有场馆和室外智慧体验区实现

5G网络全覆盖,让2019智博会成为全市5G生态的体验场。

【案例分析】

中国人工智能产业发展离不开传感器与检测技术的应用,获取自然和生产领域准确可靠的信息。传感器与检测技术的应用领域涉及机械制造、工业过程控制、汽车电子产品、通信电子产品、消费电子产品、智能家居产品和专用设备等,传感器已无处不在。

【育人功效】

2019年中国国际智能产业博览会给我们的启示:

(1)重庆正通过智博会这一重要平台,加快数字产业化、产业数字化,推动数字经济和实体经济深度融合,更加注重研发创新,更加注重补链成群,更加注重应用服务,着力打造"智造重镇"和"智慧名城"。

(2)"智博会"使我们认识到要进一步发展智能产业的重要意义,充分运用以互联网、大数据、人工智能等为代表的现代信息技术,积极推动数字经济和实体经济深度融合,为"共创智能时代,共享智能成果"做出新的贡献。

(3)我们要学好传感器以及检测技术知识,为将来参与智能产业建设打好坚实的基础。

2. 美国火星探测器神秘消失(细节决定成败)

【对应知识点】测量理论

【思政元素案例】美国火星探测器神秘消失

1998年12月,"火星气候轨道器"(图4-1)在佛罗里达州卡纳维拉尔角空军基地搭乘德尔它2-7425型运载火箭发射升空。该运载火箭是美国麦道公司设计、制造和经营的高可靠性中型运载火箭。该轨道器是由洛克希德·马丁公司承制的,质量629千克,星体结构高2.3米,宽1.65米,太阳能帆板长5.5米。

图 4-1　火星气候轨道器

1999 年 9 月 23 日，美国人正在翘首企盼"火星气候轨道器"进入预定轨道的好消息时，"火星气候轨道器"突然与地面控制中心失去了联系，原计划经过 6.65 亿千米的长途飞奔就可以进入预定轨道了，谁知这个耗资巨大的火星探测器就这样神秘地消失了。

美国太空署组成的调查组，对"火星气候轨道器"飞临火星前传回的数据进行分析后发现，它进入火星大气层之后与火星的距离大约只有 60 千米，这一高度大大低于科学家提出的大约 85～100 千米的最小安全距离，与预定的轨道高度 140～150 千米更是相差甚远。因此，调查组认为高度太低可能是造成探测器坠毁的直接原因，美国太空署的喷射推进实验室使用的是公制单位，该实验室每天都要根据洛克希德·马丁空间系统公司提供的数据启动两次小推进器，以用来调整探测器的航向。而洛克希德·马丁公司提供的数据为英制单位，导航人员误认为是公制数据而未加换算就输入了计算机系统，这样就导致了公制单位和英制单位数据的混乱，从而造成了严重的导航错误。

【案例分析】

导航人员在计算推力器每次工作的冲量时把英制的"磅力"误做"牛顿"进行操作了。1 磅力大约等于 4.45 牛顿，这样的失误造成的差距还真是不小呢。因此，在进行测量和计算的时候，对于测量所用的标准和计算的单位都马虎不得，小小的失误可能带来巨大的损失。

【育人功效】

美国火星探测器神秘消失给我们的启示：

（1）航天无小事，即使"差之毫厘"的误差也会产生"失以千里"的后果。这个造价高达1.93亿美元的太空船，最终因计算失误迷失在了前往火星轨道的茫茫征途之中。同样，工作中的小失误或差错，可能给产品的质量带来本质的变化，给企业造成经济损失，因此，对自己所从事的工作及学习要有负责的态度，严格遵守职业道德规范，认真踏实、恪尽职守。

（2）在从事检测工作和计算的过程中，一定要保证每个步骤的严谨，不要出现测量上的失误，尽量减小误差，提高测量精度。

3. 关爱老年人（传承中华民族优秀传统——孝道）

【对应知识点】传感器技术基础

【思政元素案例】关爱老年人

时光荏苒，岁月如梭，每个人都有老去的一天。关爱老人既是中华民族的传统美德，也是人类进步科学发展的前提。在无锡市百禾怡养老院里，每一位老人都佩戴着一个智能卡[图4-2（a）]，借助该智能卡，通过人员定位系统、紧急呼叫系统等传感器设备的应用，可对老人进行24小时实时定位。据介绍，老人如遇紧急情况，只需轻按智能卡上的SOS按钮，屏幕上立刻就会显示出老人的名字和位置，护理员可迅速赶到老人身边进行处理。除智能卡外，院里的智能床垫[图4-2（b）]也令人大开眼界，里面增加了传感器感知芯片。只要老人躺在床垫上，就能实时准确地检测出呼吸、心跳等生命体征数据，以及离床时间、离床次数、其他异常状态，并利用无线传输方式，将数据实时传送到远程工作站或移动手机终端上。

【案例分析】

将各种传感器设计成智能装备，日常生活中对老年人的身体进行检测，或者关注老年人的行动，能够及时获取老年人的状态，关键时候做出迅速的反馈,保障老年人活动的自主性和安全性。

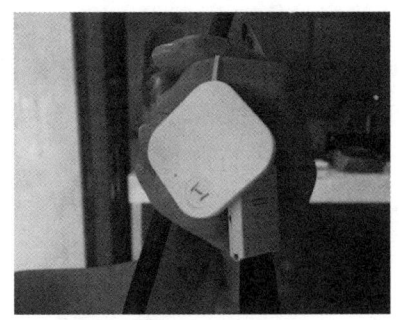
(a)智能胸卡

(b)智能床垫

图 4-2 养老院的智能设备

【育人功效】

关爱老年人给我们的启示:

(1)中国人认为"百善孝为先"。从历史文化传承来说,敬老爱幼是中华民族的传统美德。敬老爱幼也是我国社会主义精神文明建设的重要组成部分,是对古代优秀的道德遗产的继承和发扬。敬老的要求是:在家庭生活中子女要从物质生活、精神生活方面给予老人以照顾、安慰。任何虐待老人的行为,都是不容许的,都要受到道德的谴责,严重的要受到法律制裁。要形成大家关心、爱护老人的良好的道德风尚,要认真办好敬老养老的社会公益事业。

(2)科技让生活越来越美好,提倡家居生活智能化,将传感器设计运用到帮助老人日常行动,监测老人身体健康,护理老人生活,让老年人的生活过得舒适便捷。

4. 哈尔滨工业大学自主研制传感器设备检测运载火箭 (爱岗敬业)

【对应知识点】传感器技术基础

【思政元素案例】哈尔滨工业大学自主研制传感器设备检测运载火箭

航天技术是国家综合实力的重要组成和标志之一,进入空间能力是综合国力和科技实力的重要标志。长征系列运载火箭是中国自行研制的航天运载工具。大型运载火箭新型号不断发展,总装工艺和检测技术不断提高和进步,运载火箭的质量、质心参数直接影响运载能力和入轨精度。飞行器内部结构非常复杂,各类控制元件林立,质量分布不均,用理论计算很难得到质心的几何位置。哈尔滨工业大学自主研制了一套传感器设备(图4-3)用来对运载火箭的质量、质心进行测量。

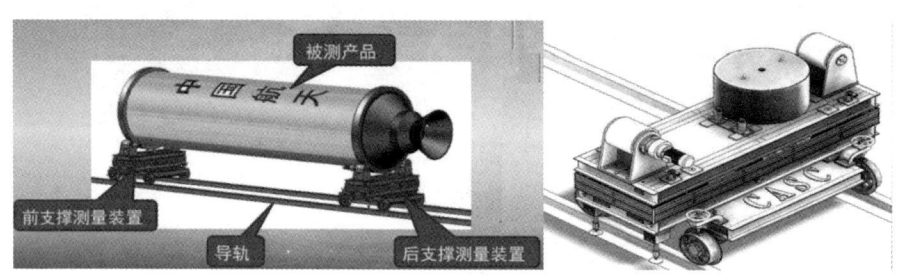

图4-3　哈尔滨工业大学研制的传感设备

【案例分析】

该传感器设备采用两套灵活独立的高精度组合测量车,并可配合高精度空间坐标测量仪器,测量所用传感器就是应变式测力传感器,通过4个测力传感器承受运载火箭的重力,确定这4个传感器的坐标位置,根据力矩平衡原理,计算得到横向和纵向质心坐标。

【育人功效】

航天行业发展到现在,离不开国家的大力支持,离不开科研人员的辛勤努力。为了研制成功运载火箭,中国学者把艰苦奋斗、爱岗敬业发挥得淋漓尽致。对于我们的启示:

(1)在每个行业的发展历程中,都历经了摸索与开拓,需要工作者爱岗敬业,在工作中不断探索解决问题的新方法,为国家的发展添砖加瓦。

(2)工业发展的从无到有,是创新开发的过程,培养独立创新精神,在掌握应变式传感器原理的基础上,进行创新设计与应用。

5. 电子秤是国家强制检定的计量器具（公平公正公开）

【对应知识点】电阻应变片的测量电路

【思政元素案例】电子秤是国家强制检定的计量器具

秤就是"衡器"，我国发明的最早的秤是用杠杆原理，在一根杠杆上安装吊绳作为支点，一端挂上重物，另一端挂上砝码或秤锤，就可以称量物体的重量。《史记·仲尼弟子列传》记载："千钧之重，加铢两而移。""移"字表示在秤杆上终移动权的位置。从这些文字记载看来，最迟在春秋时期已有各种类型的衡器。

秤发展到今天，采用现代传感器技术、电子技术和计算机技术一体化的电子称量装置称为电子秤（图 4-4），满足并解决现实生活中提出的"快速、准确、连续、自动"称量要求，有效地消除人为误差，更符合法制计量管理和工业生产过程控制应用要求。

按照《中华人民共和国计量法》及《中华人民共和国强制检定的工作计量器具目录》的要求，凡是作为社会公用计量标准的电子秤，部门和企业、事业单位使用作最高计量标准的电子秤，以及用于贸易结算、安全防护、医疗卫生、环境监测方面的电子秤，在使用之前均需经过计量检定合格才可以使用。

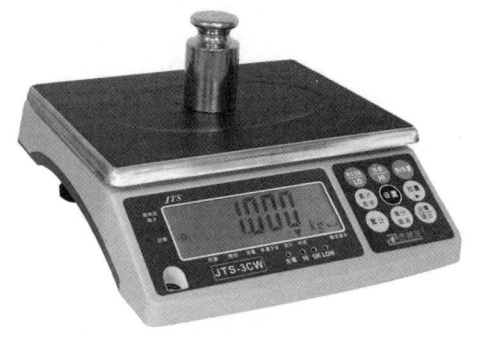

（a）电子秤的校准

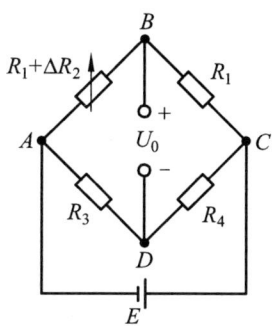

（b）电桥电路

图 4-4 电子秤及其主要电路

【案例分析】

为保障电子秤的精度要求,设计过程中每一步都要减小和消除误差。在电路设计部分,既要考虑电路的稳定性和可靠性,又要消除电路中由于温度、对称性、非线性等造成的误差。

【育人功效】

由秤的发展历史及电阻应变片的测量电路,我们得到的启示:

(1)我国五千年文明发展史中,曾经出现过的很多发明创造都凝聚着人民的智慧与努力,我们应当继承发扬,在现代科技发展中不断创新,为实现中华民族伟大复兴不懈努力。

(2)我们应当遵守国家的各项指标与性能要求,以一丝不苟的态度对待科研与产品开发,通过设计好测量电路尽可能地消除传感器误差与非线性情况。

6. 货车超重导致无锡高架桥侧翻(安全意识/生命至上)

【对应知识点】 应变式传感器应用

【思政元素案例】 货车超重导致无锡高架桥侧翻

2019年10月10日傍晚6:10左右,江苏无锡312国道上海方向锡港路上跨桥路段出现桥面侧翻、垮塌(图4-5)。侧翻的桥面砸中了正在通行的3辆轿车,而桥面上当时也有5辆车。根据相关部门的初步分析,此次事故是由于货车超载导致了高架桥侧翻。在事故现场,发现有5捆热轧卷板,每捆标重28 535千克,日照钢铁控股集团出品;根据计算,5捆热轧卷板总重量为142.7吨,加上货车自重,车货总重量应该在150吨左右。

根据相关文件显示,312国道无锡段桥涵的建设标准是:新建桥涵采用汽-20,挂-120;改造现有桥梁采用汽-20,挂-100。即这条路上,汽车不能超过20吨,挂车(大货车)不能超过120吨,部分道路挂车不能超过100吨。因此,运载5捆热轧卷板的货车是超重了,超了40余吨。

图 4-5 无锡超载侧翻现场

【案例分析】

在交通运输过程中，货车超载危害很多，会造成车辆离合器片烧毁，车架和钢板弹簧片断裂等情况；超载还会严重危及行车安全，影响汽车转向性能，导致转向沉重，容易造成翻车事故；超载还会导致交通路面、桥梁、高架等遭受损伤。因此，通过汽车衡传感器设备监管超载有很重要的现实意义，能够极大地保障交通行驶安全（图 4-6）。

图 4-6 汽车衡测载重

【育人功效】

通过汽车衡传感器设备监管货车超载得到的启示：

（1）在工作生活中，要诚实守信，遵守各项规矩，才能使社会变得更加和谐。不守规矩的人，短期可能会占便宜，可就算侥幸逃过惩罚，终有一天，就如同货车超载导致高架桥侧翻一样，会付出惨痛的代价。

（2）随着信息化和智能化的发展，单靠人们自身的感觉器官管理生产活动中的操作规程是远远不够的。通过各种传感器来监视和控制生产生活，获取有价值的信息，是国家现代化和智能化发展的主要途径与手段。

（3）将应变式力传感器设计成汽车衡，能够监测汽车是否超重，不允许超重的汽车行驶到路面、桥梁和高架上，保障交通行驶安全。

7. 北京地铁四号线自动扶梯故障（安全意识/生命至上）

【对应知识点】变磁阻式传感器

【思政元素案例】北京地铁四号线自动扶梯故障

2011 年 7 月 5 日上午 9 时 36 分，北京地铁 4 号线动物园站 A 出口上行的自动扶梯突然出现故障，反方向运行。由于事发时正值地铁运营高峰时段，自动扶梯上乘客较多，加之事出突然，乘客未及时反应便纷纷从扶梯上跌落下来。据一名现场亲历者描述，当时电梯正常运行，突然一声巨响，随即就看到乘客成片地倒下。还有一名乘客说，事发时她在扶梯上突然感到一股大力将她甩出，反应过来时已经在扶梯下面了，身下还压着好几个人。事故造成 1 人死亡，2 人重伤，26 人轻伤。

经北京市政府批准，对"7·5"北京地铁 4 号线自动扶梯事故进行调查，结果认定此事故是一起责任事故。由于北京地铁 4 号线动物园站 A 出口扶梯的固定零件损坏，导致扶梯驱动主机发生位移，造成驱动链的断裂，致使扶梯出现逆向下行的现象。

【案例分析】

扶梯的固定零件尺寸都有严格要求，在装配时与其他零件的配合方式影响其运行的稳定性和使用寿命。对于公共场所的自动扶梯零部件的尺寸和精度要求更为严格，因此，需要精密仪器对这些零件进行质量检验。

电感测微仪（图 4-7）是一种能够测量微小尺寸变化的精密测量仪器，它由主体和测头两部分组成，配上相应的测量装置（例如测量台架等），能够完成各种精密测量，用于检查工件的厚度、内径、外径、椭圆度、平行度、直线度、径向跳动等，被广泛应用于精密机械制造业、晶体管和集成电路制造业以及国防、科研、计量部门的精密长度测量。

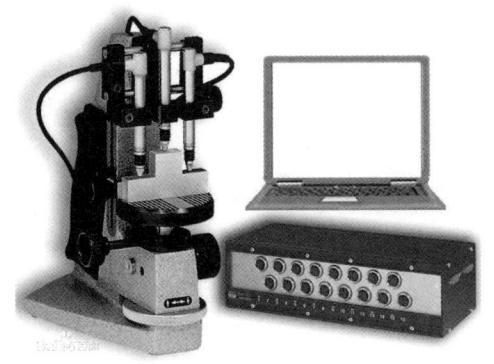

图 4-7　电感测微仪

【育人功效】

北京地铁 4 号线自动扶梯故障给予我们的启示：

（1）零件的加工尺寸精度与安装配合类型，对产品的运行产生重要的影响。精密零件的加工与测量需要严谨的态度与一丝不苟的敬业精神，我们的一丝疏忽就会造成很大的经济损失甚至重大事故。因此，在学习和工作中要保持兢兢业业、严谨认真的作风。

（2）要时刻牢记安全责任，工作中的各种设备运行过程时，增加日常维护保养，对设备的重要零部件通过精密仪器实行定期的严格检测，一旦检测异常，及时更换可靠性零件，杜绝事故隐患。

8. HURWA 全膝关节手术机器人（自主研发/强国梦）

【对应知识点】差动变压式传感器

【思政元素案例】HURWA 全膝关节手术机器人

2020 年 1 月，北京协和医院骨科成功完成我国首例机器人全膝人工关节置换手术。此次使用的 HURWA 全膝关节手术机器人是我国多领域科技人员合作自主研发、具有完全自主知识产权的手术机器人，该手术的顺利实施也是"中国造"全膝关节手术机器人在全球的完美首秀。

全膝人工关节置换手术是治疗严重晚期膝关节疾病的有效方法，术后患者可以得到快速康复，回归正常工作，享受美好生活。然而，该手术向来以"技术要求高、操作难度大"著称，用于该手术的机器人更是集临床医学、生物力学、机械学、材料学、计算机科学、微电子学、机电一体化等诸多学科为一体的现代尖端科技医用设备。以往，该领域一直被国外产品如 MAKO、ROSA Knee 等膝关节手术机器人垄断。即便与国外性能最优的同类机器人相比，此次"突围"的 HURWA 机器人在使用和性能方面也毫不逊色。

【案例分析】

HURWA 机器人在操作上真正实现了智能化人机互动，机械高精密度、自我检视能力和纠错能力皆有上佳表现，可有效降低传统手术的操作误差。在机器人机械手主轴上安装 LVDT 位移传感器，在主轴旋转过程中获得零点，传感器将采集到的位移变化量转换为对应的模拟电信号或者数字信号，经传输至传感器控制系统，便可以很好地检测并实时调整机械手的状态。

【育人功效】

HURWA 全膝关节手术机器人是我国多领域科技人员合作自主研发、具有完全自主知识产权的手术机器人，带给我们的启示：

（1）我国正处于制造业大国向制造业强国转变的关键历史时期，创新始终是推动一个国家、一个民族向前发展的重要力量，也是推动整个人类社会向前发展的重要力量。我们要开拓思维，培养创新精神，打破外国的技术垄断。

（2）中国智能制造行业发展突飞猛进，对人才的需求提出了新的要求。技能人才要有跨学科的知识，未来不但需要有深厚的单一领域知识，更要有广阔的知识面，才能在系统化的制造业体系中体现出自身竞争力。

（3）培养团队的协作能力，人与人的工作联系、相互协作、相互学习的要求会更高。

9. 和平年代的危险事业——排雷
（不怕困难的精神/民族英雄）

【对应知识点】差动变压式传感器

【思政元素案例】和平年代的危险事业——排雷

作业组长杜富国带战士艾岩在一个爆炸物密集的阵地雷场搜排时，通过先进的探雷器发现一个少部分露于地表的弹体，初步判断是一颗当量大、危险性高的加重手榴弹，且下面可能埋着一个雷窝，杜富国马上向分队长报告。

接到"查明有没有诡计设置"的指令后，他命令艾岩："你退后，让我来！"艾岩后退了几步，正当杜富国依照作业规程，谨慎翼翼清除弹体周围的浮土时，突然"轰"的一声巨响，弹体产生爆炸，他下意识地倒向艾岩一侧。飞来的弹片伴随着强烈的冲击波，把杜富国的防护服炸成了棉花状，也把他炸成了一个血人，杜富国因此失去了双手和双眼。正是由于杜富国这舍生忘死的霎时一挡，两三米以外的艾岩仅受了皮外伤。

【案例分析】

在排雷过程，通过先进的探雷器来发现可疑的地雷，该探雷器就是电涡流传感器，探雷器的长柄线圈中，通有变化的电流，可用于检测埋在地下的金属物品，并进行报警，及时发现地雷。

【育人功效】

从杜富国在和平年代从事危险的排雷事业，我们得到的启示：

一个伟大的民族不能没有英雄，一个有前程的国家不能没有先锋。中华民族就是一个英雄辈出的民族。杜富国的意志是钢铁般的、坚强的，他把热血洒在了那一片平静的土地，他把青春奉献给那一生执着的信仰！像他们这样的人，是时代的脊梁，传承一个民族生生不息的精神，为我们国家和人民贡献气力。

10. 黄昆荣获中华人民共和国最高科学技术奖
（崇尚科研/正确人生观）

【对应知识点】电容式传感器的工作原理和结构

【思政元素案例】黄昆荣获中华人民共和国最高科学技术奖

黄昆是中国固体物理学、半导体技术奠基人之一，也是世界著名的物理学家。2001年，黄昆荣获中华人民共和国最高科学技术奖，从"黄散射"到"黄方程"，从"黄-里斯因子"到"玻恩和黄"，以至"黄-朱模型"，黄昆在固体物理学发展史上树起了一座座丰碑。

1948年，黄昆获英国布里斯托尔大学博士学位后，在英国爱丁堡大学物理系、利物浦大学理论物理系从事研究工作。1951年，黄昆回到北京大学任物理系教授，那时黄昆的经典著作《晶格动力学理论》也已基本写完，可以预见这本书将奠定他在世界固体物理学界的地位，留在国外发展前途无量，但他抱着要为新中国建设大展宏图的决心回国了。

黄昆先生最重要的贡献之一，就是创办五校联合半导体专门化，为国家的半导体科技事业培养了一批又一批栋梁英才，为创建和发展中国半导体科技和教育事业，从无到有地建立和发展半导体工业体系起到了开拓性作用。

20世纪60年代，在昌平有一个校办工厂，试制集成电路，他那时一方面给工农兵学员讲课，一方面到车间或生产线和大家一起做。他是搞理论的，而且学术造诣非常高，但是到了车间他总是不耻下问，向工人学习每一个细节和技术，而且对自己要求非常高。当时在工艺流水线上清洗样品非常琐碎，他总是一丝不苟地完成。

2001年，黄昆荣获中华人民共和国最高科学技术奖。当时奖金是五百万，黄昆夫妇将这五百万给了半导体所，作为科研经费。半导体所用这笔钱成立了"黄昆基金"，以奖励国内在固体物理和半导体物理领域成果突出的科学家。

【案例分析】

半导体材料是一类具有半导体性能，可用来制作半导体器件和集成电路的电子材料，反映半导体内在基本性质的是各种外界因素如光、热、磁、电等作用于半导体引起的物理效应和现象。随着技术的发展，利用半导体材料的各种物理、化学和生物学特性制作了各种传感器，包括半导体制作电容式传感器等，具有类似于人眼、耳、鼻、舌、皮肤等多种感觉功能。其优点是灵敏度高、响应速度快、体积小、重量轻，便于集成化、智能化，能使检测转换一体化。

【育人功效】

黄昆荣获中华人民共和国最高科学技术奖，给我们的启示：

（1）老一辈的许多科学家为了中国的强盛，放弃国外优厚的条件，白手起家，不计名利和个人得失，注重实践能力，把新中国的各项科技工作搞起来，为了中华民族的伟大复兴所做的贡献和牺牲会永远记录在中国的历史上，成为中华民族后辈们的骄傲和榜样。

（2）我们处在一个伟大的时代，中国已经具备了完整的工业体系，而且国门开放，和世界的交流频繁。我们一定要发挥中国人的聪明才智，继承先辈们勇往直前永不放弃的精神，把中国的核心科技掌握在自己手中，再也不受制于人。

（3）根据电容量变化的参数分析，电容式传感器可分为变极距型、变面积型和变介质型三种类型，这是设计电容式传感器的理论依据。

11. 川航 3U8633 航班生死备降
（始终将国家财产和人民生命安全放在第一）

【对应知识点】 电容式传感器的测量电路

【思政元素案例】 川航 3U8633 航班生死备降

2018 年 5 月 14 日，刘传健驾驶 3U8633 航班从重庆飞往拉萨。原本这条航线对于机长刘传健来说是"轻车熟路"，因为他已经飞行了不下百次。但是没想到的是，意外还是发生了。飞机飞行 40 分钟后，在成都区域巡航阶段，没有任何征兆，驾驶舱右座前挡风玻璃破裂脱落，"轰"一声发出巨大的声响，副驾身体已经飞出去一半，还好他系了安全带。驾驶舱物品全都飞起来了，许多设备出现故障，整个飞机震动非常大。驾驶室设备失控，自动驾驶完全失灵，仪表盘损坏。在无法得知飞行数据的情况下，也就无法确定方向、航向、返航机场的位置，操作困难，眼看着一场空难就要发生了。

3U8633航班从挡风玻璃破裂那一刻，就与时间赛跑。在氧气耗完之前，刘传健把飞机降到3 000到4 000米的高空，否则机舱内部的乘客都会因为窒息而死。在十几分钟从万米高空下降到3 000米，几乎同坠机一样。在危急关头，机长刘传健在气流吹袭和大量仪表被破坏的情况下，靠自己的判断和过硬的驾驶技术维持飞行，临危不惧，飞机于2018年5月14日7:46分安全备降成都双流机场，所有乘客平安落地。

【案例分析】

川航3U8633航班驾驶舱右座前挡风玻璃破裂脱落导致的巨大冲击力使驾驶室内很多传感器和设备损坏，这些情况表明，在特殊环境中，传感器测量电路的稳定性和可靠性尤为重要。对测量电路的设计与制作要加入抗干扰分析和恶劣环境测试，提高传感器的抗风险能力。

【育人功效】

川航3U8633航班生死备降事件，给我们的启示：

（1）刘传健是一位经验丰富的老机长，为了保证乘客的生命安全，他不断学习探究，看过包括《空中浩劫》在内的多部航空题材的电影或纪录片，常常从世界级航空事故中进行专业研析。正是因为他的这种精神，才会让2018年5月14日差一点酿成的空难事件化险为夷。

（2）这次事件是航班迫降史上的一个奇迹，机长的紧急反应能力、操作能力、对局势的判断能力以及内心保证大家安全的责任，对川航航班的紧急迫降起到了无可替代的作用。

12. MEMS 技术试验卫星顺利发射升空
（青年强则国家强）

【对应知识点】电容式传感器的应用

【思政元素案例】MEMS 技术试验卫星顺利发射升空

2015 年 9 月 20 日 7 时 01 分，长征六号运载火箭以一箭二十星的方式将清华大学研制的 MEMS 技术试验卫星（即集成微系统技术试验卫星）顺利发射升空。MEMS 技术试验卫星包括三颗卫星，分别是 1 颗主卫星"纳星 2 号"，即 NS-2 纳型卫星；2 颗子卫星"紫荆 1 号"和"紫荆 2 号"。

"纳星 2 号"卫星的有效载荷包括纳型星敏感器、微型低功耗太阳敏感器、硅基 MEMS 陀螺、微型石英音叉陀螺、MEMS 磁强计、北斗/GPS 接收机等，性能指标均达到国际先进、国内领先水平。本次飞行试验的主要目的就是验证和支持这些具有完全自主知识产权的基于新原理、新方法的微型化高性能星上功能器件/组件的研究和在轨应用，从而推进国内航天应用的微型化功能器/组件技术和微系统技术的进步。

上述卫星由清华大学精密仪器系尤政院士团队研制，是真正意义的大学卫星，卫星研制、测控的全过程都有研究生参与。对于清华来说，这是自 2001 年学校自主研发卫星以来，独立或与其他单位协同合作发射的第 7 颗卫星，标志着清华大学 MEMS 技术、纳卫星平台技术等取得了新的进展。整个过程对于激发青年学子对航天科技的兴趣、促进清华大学航天技术人才培养具有重要意义。

【案例分析】

微机电系统（MEMS，Micro-Electro-Mechanical System），也叫作微电子机械系统、微系统、微机械等，指尺寸在几毫米乃至更小的高科技装置。微机电系统其内部结构一般在微米甚至纳米量级，是一个独立的智能系统。常见的产品包括 MEMS 加速度计、MEMS 麦克风、微马达、微泵、微振子、MEMS 光学传感器、MEMS 压力传感器、MEMS 陀螺仪、MEMS 湿度传感器、MEMS 气体传感器等等以及它们的集成产品。

【育人功效】

由清华大学研制的 MEMS 技术试验卫星顺利发射升空得到的启示：

（1）清华大学作为世界一流大学坚守初心、勇担使命，认真贯彻落实习近平总书记科技强国的重要指示精神，坚持自力更生、自主创新，维护国家科技进步，参与全球竞争，掌握核心科技，实现跨越发展。

（2）青年兴则国家兴，青年强则国家强。当代青年将全过程深度参与到实现"两个一百年"奋斗目标的征程中，青年学子成长成才、建功立业的舞台空前广阔。青年学子自觉立大志、干大事，将自己的个人发展和国家民族的未来结合起来，在实现中国梦的伟大实践中创造自己的精彩人生。

13. 汽车尾气污染环境（保护环境）

【对应知识点】 压电效应及压电材料

【思政元素案例】 汽车尾气污染环境

作为空气污染的主要来源之一，机动车尾气（图 4-8）中含有大量的有害物质，除了是大型城市 PM2.5 的主要来源之一外，还是很多城市大气污染的罪魁祸首之一，光化学烟雾就是其主要影响之一。1970 年，美国洛杉矶发生光化学烟雾事件，导致全城四分之三的居民患病。1971 年日本东京发生光化学烟雾事件，导致当地学生出现中毒昏迷。可见，汽车尾气是城市在大型化和环境改善两者之间难以逾越的一条鸿沟。随着近年来我国经济的快速发展，国内出现了一大批大型城市和若干赶超世界水平的超大型城市。在城市大型化的发展过程中必然伴随着机动车保有量的激增，从而对大气环境带来巨大的压力。我国借鉴欧洲汽车排放标准所制定出了汽车尾气排放标准，该标准对汽车尾气中排放的一氧化碳、氮氧化合物、微尘、碳烟等有害物质的排放量有明确的限制，旨在控制汽车污染排放，提高环境质量，维护绿水青山。

由于汽车运行严重的分散性和流动性，给净化处理技术带来一定的限制。常用的手段之一是控制技术，主要是提高燃油的燃烧率，安装防污染处理设备和采取开发新型发动机。通过安装压电式传感器减少喷油提前角,可降低发动机工作的最高温度(1 500 摄氏度),使氮氧化物的生成量减少。

图 4-8 汽车尾气污染环境

【案例分析】

汽车发动机中的气缸点火时刻必须十分精确,通过安装压电式传感器,恰当地将点火时间提前一些,即有一个提前角(例如 10 度以内),就可使气缸中汽油与空气的混合气体得到充分燃烧,使扭矩增大,排污减少,从而都达到保护环境的目的。

【育人功效】

汽车尾气污染环境给我们的启示:

保护环境,人人有责。环境的保护已成为十分迫切的事情,每个人都应该积极行动起来,从身边的小事做起,如不乱扔垃圾、进行垃圾分类、节约资源、减少白色污染、低碳出行等。

14. 汶川大地震见证中国力量(社会主义制度优越性)

【对应知识点】压电式传感器和测量电路

【思政元素案例】汶川大地震见证中国力量

2008 年 5 月 12 日 14 时 28 分 04 秒,四川汶川发生里氏震级 8.0 级的特大地震,严重破坏地区超过 10 万平方千米,地震共造成 69 227 人死亡，374 643人受伤，17 923人失踪，是中华人民共和国成立以来破坏力最大的地震，也是唐山大地震后伤亡最严重的一次地震。

地震震级是通过仪器给出地震大小的一种量度，考虑到地震波在传播过程中的衰减，震级的测定需要考虑地震深度和震中距离。测定地震可以依靠压电材料、测量电路和分析电路组成的检测仪器记录的地震波。这里的测量电路与分析电路的精度要求比较高，避免出现误差太大的情况。

自地震灾难发生的第一瞬间开始，党中央就带领人民和军队抗震救灾，公安、交通、电讯、地震、民政各部均被调度管理救灾工作。多位领导先后到达灾区指挥，当地震发生1小时27分钟后，时任国务院总理温家宝赶赴灾区，晚上抵达都江堰，亲临指挥中心指挥救援工作。2008年5月16日，时任中共中央总书记、国家主席、中央军委主席胡锦涛飞抵四川视察灾情并指挥军民救灾。

地震发生三天时间内，十余万部队从数千公里以外投送到灾区；八百万吨物资通过公路铁路和航空，运往灾区。汶川大地震后的40小时内，中国的铁路部门就开行军运列车25列，运送抢险部队1.5万人，到达成都灾区的抗震救灾专用物资416个车皮。

据不完全统计，在汶川特大地震抗震救灾中，解放军陆海空三军总计投入兵力14.6万、武警部队投入兵力1.4万、民兵预备役人员投入7.5万、公安和消防投入警力1万多、医疗救护人员投入2万多，搜救生命时间长达19天，最终抢救出83 988人。

【案例分析】

压电元件是一种典型的力敏感元件，可用来测量最终能转换为力的多种物理量。压电元件设计成振动测量仪器，可用于对机械、建筑、地震、地质勘探等的振动监测、频谱分析和故障诊断等，在作为振动测量时，其测量电路的设计关系到振动测量的精确性。

【育人功效】

汶川地震见证中国力量给我们的启示：

（1）从满目疮痍的灾区，到欣欣向荣的热土，此间一砖一石一草一木都宣示着：中国共产党英明伟大，社会主义制度无比优越，人民解放军忠贞可靠。一方有难八方支援的对口援建，科学规划、振兴发展的重建方略，向全世界展示出中国精神、中国价值和中国力量。

（2）无论是抗震救灾的快速响应，军民融合、部门联动、社会协同的救灾合力，还是灾区重建过程中实现全国范围的对口援建，都体现出党的坚强有力领导，展示着党统揽全局、协调各方的关键作用。我们在许多重大抗灾救灾和灾后恢复重建中取得的成就，充分说明只要紧紧依靠中国共产党的坚强领导、充分发挥我国社会主义制度的优势，我们就能战胜前进路上的任何风险挑战，不断把中国特色社会主义伟大事业推向前进。

（3）地震发生后，所有人都希望快速了解地震概况。将压电元件设计成振动测量仪器，对地震产生的地面运动振动幅度进行振动监测，但由于仪器性能和震中距离不同，记录到的振幅也不同。所以必须要以标准地震仪和标准震中距的记录为准，这也要求测试电路和分析电路要精准可靠。

15. 天津滨保高速公路特大交通事故（遵纪守法）

【对应知识点】压电式传感器的应用

【思政元素案例】天津滨保高速公路特大交通事故

2011年10月7日15时46分，河北省唐山市驾驶人云×驾驶唐山市交通运输集团有限公司冀B99×××号大型普通客车，乘载55人（核载53人），沿滨保高速公路由保定驶往唐山，当行至天津市武清区境内60千米加700米处，刮撞同方向袁×驾驶的鲁AA3×××号小型轿车后，失控向右侧翻并被路侧波形梁钢护栏切割，造成35人死亡、19人受伤，直接经济损失3 447.15万元。

事故发生后，国家安全监管总局、公安部、交通运输部组成联合工作组，于当日赶到事故现场，指导事故应急救援工作，协助配合地方政府做好善后等事宜。

事故的直接原因是，在大客车驾驶人云×超速行驶、措施不当、疲劳驾驶三项交通违法行为的共同作用下，大客车与小轿车发生擦撞并侧翻；小轿车驾驶人袁×在超越大客车时车速控制不当，两次左右调整方向，未按照操作规范安全驾驶，也是发生事故的原因。

至事故发生时，大客车驾驶人云×连续驾驶 6 小时 31 分，行驶里程 600 余千米，期间大客车单次停车时间均不足 20 分钟。通过查看沿途的交通监测系统记录结果，其累计超速 31 次，超速行驶时间共 2 小时 51 分；小轿车行驶时间未超过 4 小时，行程里程不足 400 千米。

【案例分析】

超速行驶严重危害生命财产安全，压电式交通监测系统可用于进行车速监测、收费站地磅检查、闯红灯拍照、停车区域监控、交通数据采集等，压电式传感器成为监管行为举止的"眼睛"。

【育人功效】

天津滨保高速公路特大交通事故给我们的启示：

传感器已经完全改变了我们的生产生活，使生活方式越来越智能化，同时也可以成为监管行为举止的"眼睛"。法律法规是推广社会主流价值的重要保证，要把社会主义核心价值观贯彻到依法治国、依法执政、依法行政实践中，落实到立法、执法、司法、普法和依法治理各个方面，用法律的权威来增强人们培育和践行社会主义核心价值观的自觉性。

16. 上海洋山深水四期码头（中国制造/中国创造）

【对应知识点】霍尔效应及霍尔元件

【思政元素案例】上海洋山深水四期码头

2017 年 12 月 10 日，中国开港运行了全球规模最大、自动化程度最高的上海洋山深水四期码头（图 4-9）。这是历史性的一刻！

洋山深水港码头岸线全长近 5.6 千米，洋山港四期总用地面积 223 万平方米，设计年通过能力初期为 400 万标准箱，远期为 630 万标准箱。

这座由上港集团、上海振华重工联合打造的码头被称为"魔鬼码头",共建设 7 个集装箱泊位。巨大的集装箱迅速被吊起放下,车流不息,然而繁忙的港口内却不见一个人。洋山港四期建成后最大的特点就是成为"无人码头",通过上海港自主研发的智能化操作系统,实现智能装卸,提高整个码头的利用效率。不管是多么繁忙的情况下,这里的操作系统都是在办公室的监控下完成的,无人驾驶的自动引导车借助地下磁钉自动行走。洋山港从一座默默无名的小岛成长为世界第一大港,一次次打破集装箱码头单船装卸效率世界纪录,一次次刷新集装箱码头桥吊单机效率世界纪录。

图 4-9 上海洋山深水四期码头

放眼全球,规模如此之大的自动化码头一次性建成投运是史无前例的。值得注意的是,洋山港四期全部采用中国制造,码头现场均使用电驱动,这标志着我国港口机械装备在由"中国制造"向"中国创造"的转变上又迈出了坚实的一步。

【案例分析】

上海洋山深水四期码头采用智能化操作系统,其中运输线采用无人驾驶的自动引导车借助地下磁钉自动行走,这种引导车也称为 AGV 自动引导车,基于不同的导向传感器。AGV 的制导方式可以分为许多种,有一种采用的是磁性传感器加陀螺仪的这种固定路线的制导方式,其工作原理是利用特制的霍尔位置传感器,检测安装在地面上的小磁铁,再利用陀螺仪技术连续控制 AGV 的运行方向。

【育人功效】

中国开港运行了全球规模最大、自动化程度最高的上海洋山深水四期码头给我们的启示:

(1)国家发改委、交通运输部等国家有关部门多次组织专家咨询会、评审会,力求把洋山深水港区工程建成一个经得起历史考验的精品工程,充分体现了科学的态度和高度负责的精神。

(2)伴随着经济全球化,世界航运市场正在迅速走向一体化、网络化,世界范围内的市场竞争日趋激烈。竞争的焦点也越来越明显,就是在全球市场上争夺航运中心地位,抢占航运制高点。洋山深水四期码头标志着上海国际航运中心建设取得了重大突破,推进我国由航运大国向航运强国迈进。

17. 2008 年北京"绿色奥运"(环境保护/节约资源)

【对应知识点】光电元件的原理与特性

【思政元素案例】2008 年北京"绿色奥运"

2008 年 8 月 8 日—8 月 24 日,北京成功举办了第 29 届夏季奥林匹克运动会。作为全世界规模最大的体育盛会,第 29 届奥运会在北京的成功举办,实现了中国人民和中国政府对全世界的庄严承诺:举全国之力,办出一届高水平、有特色的奥运会!

北京奥运以"绿色、科技、人文"为主题。"科技奥运"更多的是向世人展示国人最新的科技成果,通过成果应用的科技示范体现改革开放后中国的科技创新能力,如新型薄膜太阳能电池、质子交换膜燃料电池、新型半导体照明 LED、全降解生物塑料等,通过示范推动和带动产业化进程。

而"绿色奥运"更多的是政府在产业界倡导和推行一种经营理念,

推动产业界发展以低消耗、低排放、高效率为基本特征的产品,如高性能环保涂料、节能玻璃、生态透水砖、环保防水卷材等绿色建材,无极灯、微波灯及发光二极管等无汞清洁光源,以及采用导光系统、太阳能蓄光电池等技术的天然光照明等。

北京奥运以"绿色、科技、人文"为主题,表达了北京人民和中国人民与世界各国人民共有美好家园、同享文明成果、携手共创未来的崇高理想,表达了一个拥有五千年文明,正在大步走向现代化的伟大民族致力于和平发展、社会和谐、人民幸福的坚定信念,表达了13亿中国人民为建立一个和平而更美好的世界做出贡献的心声。

【案例分析】

奥运场馆设计处处渗透着"绿色、科技、人文"的理念。安装在屋顶的太阳能集热管生活热水系统,每年可以节约电力500万千瓦·时;在奥运场馆的玻璃幕墙、太阳能草坪灯、路灯设计中,大量安装了新型太阳能光电池板,即使只有微弱的月光,新型太阳能电池板也可以照常发电。

【育人功效】

2008年北京"绿色奥运"给我们的启示:

(1)北京奥运会圆了中国的百年梦想,使中国更加自信,更加开放,更加进步。北京奥运会后的中国,更加致力于和平的发展、开放的发展、合作的发展,致力于同世界各国人民一道,建设持久和平、共同繁荣的和谐世界。

(2)北京的"绿色奥运"不仅代表了当今国际环保事业发展的方向,也反映出技术进步、资源节约、适度消费的环境友好发展模式。通过无极灯、微波灯及发光二极管等无汞清洁光源以及采用导光系统、太阳能蓄光电池等天然光,这样的模式为我国的新材料产业尤其是绿色材料产业带来了重要的发展机遇和广阔的发展空间,也预示了未来新材料产业发展的趋势。

18. 工业排放是大气污染第一大排放源
（环境保护/节约资源）

【对应知识点】光电式传感器的应用

【思政元素案例】工业排放是大气污染第一大排放源

近年来，污染天气频发成为现阶段大气污染治理的焦点和难点，工业排放是大气污染第一大排放源（图4-10）。烟尘是工业最主要的3种污染气体排放之一（二氧化硫、粉尘、烟尘），它会给人体健康带来巨大的威胁，引发各种呼吸系统疾病，尤其是对上呼吸道损害很大。此外烟尘还能与空气中的二氧化硫发生协同作用，加重其对身体的危害。烟尘逸散到大气中后还会影响植物进行光合作用，并能够引发酸雨，导致土壤酸化，破坏区域环境。有学者对烟尘的环境影响研究表明，每吨烟尘排放造成的经济损失为150元，仅略低于每吨二氧化碳排放造成的经济损失，因此针对工业烟尘排放进行研究，具有重要的现实意义。

图4-10 工业排放的污染气体

绿水青山就是金山银山，阐述了经济发展和生态环境保护的关系，揭示了保护生态环境就是保护生产力、改善生态环境就是发展生产力的道理，指明了实现发展和保护协同共生的新路径。因此，降低工业污染刻不容缓。

【案例分析】

通过光电式烟尘浊度检测仪对企业排放的烟尘源进行连续检测、自动显示和超标报警，依据检测结果，通过结构效应是控制并降低工业烟尘排放的潜在动力，通过将工业产值由高污染行业转移向低污染行业，实现更彻底的工业烟尘减排。

【育人功效】

工业排放是大气污染第一大排放源给我们的启示：

（1）光电式烟尘浊度检测仪对企业排放的烟尘源进行连续检测、自动显示和超标报警，督促企业积极开展技术研发与革新，降低单位产值的烟尘产生量，强化烟尘排放的源头控制，加强烟气治理工程，实现污染达标排放。

（2）保护生态环境不是不要发展，而是要更好地发展。

19. 众志成城，防控疫情（团结/友爱/互助）

【对应知识点】 红外传感器

【思政元素案例】 众志成城，防控疫情

在 2020 年这场中华人民共和国成立以来传播速度最快、感染范围最广、防控难度最大的"战疫"中，广大医务人员像战士一样冲锋在前，日夜奋战，舍生忘死，不负重托，不辱使命，同时间赛跑，与病魔较量，无时无刻不在感动着全社会，也给了我们战胜疫情、拥抱希望的信心。

疫情发生以来，除了医护工作者，各有关部门和地方在疫情防控、患者救治、科研攻关、物资保障等方面采取了一系列措施。各级党委和政府坚定不移把党中央各项决策部署落到了实处，各级党政领导干部特别是主要领导干部深入了疫情防控第一线，基层党组织和广大党员发挥了战斗堡垒作用和先锋模范作用，广泛动员群众、组织群众、凝聚群众，全面落实了联防联控措施，构筑了群防群治的严密防线。各地各有关部

门做好了疫情监测、排查、预警等工作,把各项防控措施落细落小落实,任务到人、责任到人,力求做到严密周全。由于新型冠状病毒感染患者一般会有发热症状,因此落小落实的过程中,首要检测的就是测体温。在医院、社区、超市、高速路口、小区门口等防控地点,都有奋战在一线的工作人员拿着体温计进行排查。

【案例分析】

比起接触式测温方法,红外测温有着响应时间快、非接触、使用安全及使用寿命长等优点。红外测温仪的原理是:温度在绝对零度以上的物体,都会因自身的分子运动而辐射出红外线。通过红外探测器将物体辐射的功率信号转换成电信号后,经电子系统处理,得到物体温度。

【育人功效】

众志成城,防控疫情给我们的启示:

(1)在党中央坚强领导下,全国上下紧急行动,从组织各方力量开展防控,到落实属地防控责任、强化防控措施落实,从全力救治患者,到及时发布疫情信息,各项防控工作有力有序开展。事实表明,有党中央坚强领导,举国上下同心同德,是打赢疫情防控阻击战最大的底气。

(2)在防控新冠肺炎疫情阻击战中,我们最尊敬最可爱的白衣天使冲锋在前、坚守一线,用实际行动体现了崇高的使命担当、优秀的道德情操,这种崇高的精神值得我们学习。

(3)红外测温仪响应时间快、非接触、使用安全及使用寿命长等优点,在这次疫情中用于检测人体温度,避免了交叉感染,能够对人群进行初步的排查。

20. 钟南山抗疫瞬间(爱国/护国)

【对应知识点】 生物传感器

【思政元素案例】 钟南山抗疫瞬间

2020年冬春之交,新型冠状病毒肺炎突袭武汉,并随春运人潮悄声却又迅猛传播至全国。84岁的钟南山再次临危授命,担任国家卫健委高级别专家组组长。在这个戴着口罩的春天，我们细数了钟南山与疫情相关的几个瞬间，讲述他与新冠肺炎的抗争史。

第一个瞬间：武广高铁餐车。武汉爆发新冠病毒，钟南山呼吁大家没有特殊情况，不要去武汉。然而，2020年1月18日周六晚，说这话的人却坐在赶往武汉的高铁上，老院士还在奔赴一线，让人心疼。

第二个瞬间：肯定人传人。2020年1月20日晚上，央视《新闻1+1》节目连线钟南山，面对白岩松的追问，钟南山回答："根据目前的资料，新型冠状病毒肺炎是肯定人传人。"这让全国人民春节期间走亲串友的计划无限期搁置，进入全民防控的新阶段。实事求是，科学精神，是钟南山这一代学者镌刻在灵魂里的信仰。

第三个瞬间：问候前线医务人员。医护人员的防护，是钟南山最担心的问题。他深知，阻击传播量大的新型冠状病毒肺炎，重要的是发挥各地医护人员的作用。疫情发生以来，钟南山通过屏幕进行过很多次远程会诊，把他的经验和智慧贡献给奋战在一线的医护人员。钟南山院士团队开发出咽拭子采样机器人，用机器人采样，可以保护医护人员。由于新型冠状病毒肺炎在全球范围内爆发，各个国家都开始投入大量的人力和资金研发检测新型冠状病毒肺炎的生物试剂和传感器。

第四个瞬间：连线外国医学院。2020年3月12日19时，钟南山在广州医科大学附属第一医院，同医院重症监护团队一起，与美国哈佛大学医学院及美国重症监护方面的专家进行多方视频连线。会议中，钟南山团队介绍了新冠病毒感染危重患者的临床特点和治疗难点，并分享了快速检测新冠病毒和防控社区聚集性病例的经验，双方讨论就新冠肺炎临床研究开展合作。

17年前的2003年，非典疫情在北京爆发。中国工程院院士钟南山冲锋在前，主动要求"把重病患者都送我这里来"。

30多年前，钟南山结束英国进修，他向学生提起："在我将要回国的时候，导师的挽留的确使我心潮澎湃！但是，爱丁堡毕竟是英国的爱丁堡，而我来自中国，祖国正需要我，我的事业在中国！在经受了歧视，维护了自己和祖国的尊严后，我更能深深地体会科学家巴甫洛夫的话——'科学没有国界，但科学家却有国界'。当我回到珠江边的时候，我的心才真正踏实了。"

《人民日报》评价钟南山院士：既有国士的担当，又有战士的勇猛，令人肃然起敬。

【案例分析】

生物传感器是一种新型的传感器，由固定化的生物敏感材料作识别元件（包括酶、抗体、抗原、微生物、细胞、组织、核酸等生物活性物质）、适当的理化换能器及信号放大装置构成分析工具或系统，可用于进行临床诊断检查。

【育人功效】

钟南山的事迹给我们的启示：

（1）科学没有国界，但科学家却有国界，钟南山院士的科研态度激励我们弘扬科学报国的优良传统，祖国发展需要有责任，有担当的人，我们肩负时代重任，为实现中华民族伟大复兴的中国梦不懈努力。

（2）钟南山医术精湛，医德高尚，他尊重科学、实事求是、敢医敢言的道德风骨和学术勇气更令人景仰。科学追求真理，我们要学习钟南山院士看事情或者做研究，要有事实根据，不轻易下结论，要相信自己的观察，有执着的追求，办事要严谨要实在。

（3）生物传感器是一类特殊的传感器，它以生物活性单元（如酶、抗体、核酸、细胞等）作为生物敏感单元，对目标测物具有高度选择性的检测器。生物传感器涉及的是生物物质，主要用于临床诊断检查、治疗时实施监控、发酵工业、食品工业、环境和机器人等方面。

21. 中华人民共和国成立70周年盛大阅兵（强军/强国）

【对应知识点】光纤传感器

【思政元素案例】中华人民共和国成立70周年盛大阅兵

2019年10月1日上午，庆祝中华人民共和国成立70周年大会在北京天安门广场隆重举行。中共中央总书记、国家主席、中央军委主席习近平发表重要讲话，随后举行了盛大的阅兵式。

此次阅兵，亮点纷呈，从人数规模创近几次之最，到参阅将军人数创历史之最，再到武器装备全部国产化……无不令人激动。东风-31甲改核导弹、巨浪-2导弹、东风-5B核导弹、东风-41核导弹等强大的装备彰显了中国强大的国力，更体现了我国国防科研自主创新的能力，为共和国筑起坚不可摧的和平盾牌。

致敬先烈，不忘根本，这次阅兵再次凝聚了国人的价值共识。有个细节值得一提，在21辆礼宾车上，坐着老一辈党和国家、军队领导人亲属代表，老一辈建设者和家属代表，新中国成立前参加革命工作的老战士，老一辈军队退役英模、民兵英模和支前模范代表。无论走得多远，都不能忘记来时的路。不忘初心，方得始终！

中国人民解放军听党指挥的政治意蕴鲜明，阅兵通过三军列阵受阅、方队行进等形式，宣示坚持党对军队绝对领导的不变军魂，宣示坚决听从党中央中央军委和习近平主席指挥的坚强意志，宣示坚定不移忠诚核心、拥戴核心、维护核心的高度自觉。辉煌70年，奋进新时代，在中国共产党的坚强领导下，中国发生历史性变革、取得历史性成就，中国特色强军之路越走越宽广。

【案例分析】

光纤传感器在军事领域应用广泛，东风-31甲改核导弹、巨浪-2导弹、东风-5B核导弹、东风-41核导弹等装备中都安装了光纤陀螺仪，它在测量导弹的姿态、实现制导、控制和目标跟踪中占有极其重要地位，它对提高制导武器的制导精度起着极为重要的作用，甚至可以说起着关键性和决定性作用。

【育人功效】

庆祝中华人民共和国成立70周年盛大阅兵给我们的启示：

（1）庆祝中华人民共和国成立70周年阅兵式彰显了中华民族从站起来、富起来迈向强起来的雄心壮志。阅兵式规模之大、类型之全均创历史之最，编组之新、要素之全彰显强军成就。装备方阵堪称"强军利刃""强国之盾"，见证着人民军队迈向世界一流军队的坚定步伐。

（2）爱国，不能停留在口号上。爱国是要把自己的理想同祖国的前途、把自己的人生同民族的命运紧密联系在一起，扎根人民，奉献国家。

置身于新时代，爱国就是为实现"两个百年"奋斗目标、实现中华民族伟大复兴的中国梦而努力奋斗。

（3）光纤陀螺仪在导弹上的应用说明科技创新支撑着军事硬实力，把先进的科学技术应用到军事领域，使之成为战斗力生成的倍增器。

第五章

"工程力学"课程思政案例

1. 敢"撬起整个地球"的阿基米德
（大胆创新/科学质疑/敢于挑战）

【对应知识点】力矩与力偶

【思政元素案例】敢"撬起整个地球"的阿基米德

古希腊物理学家阿基米德有句经典名言："给我一个支点，我就能撬起整个地球。"即只要杠杆（力臂）足够长，人力也能产生足以撬动地球的力量。

今天，就让我们抱着科学审慎的态度，来看看这股能撬动地球的力量，到底是妄言，还是蕴含了某些力学规律呢？

【案例分析】

可想而知，阿基米德的"豪言壮语"，在当时的年代，会掀起多大的社会舆论风暴。科技水平越是不发达，民众就越难以接受新事物、新观点。意大利著名天文学家布鲁诺（1548—1600）就曾为维护"日心说"而被当时的人们视为"异端"，最后被烧死在罗马的鲜花广场上。可见在坚持真理的道路上，是需要莫大的勇气和无比坚定的信念的。阿基米德并没有轻易向"不理解"妥协，这份对科学真理坚持严谨的态度，使他为后世的静力学、流体力学等的发展奠定了坚实的理论基础，成就了"力学之父"的美誉。

【育人功效】

想成为像阿基米德一样的"科学战士"吗？那首先要明确的是，科学结论的得出必定要经历一个严谨求实、有客观依据、可重复实验的过程。这是绝不同于主观臆测的。其次，科学的发展无不是站在前人的肩膀上,"平地起高楼"在科学研究的过程中几乎不存在。大量的前期积累和学习,是所有科研工作者的必经之路。最后,科学是不怕质疑的,批判和质疑是科学的基本精神之一。科学的进步就是在不断挑战已知概念,不可能符合传统逻辑,引起争议和非议是必然的。要正确看待和面对质疑,也要尊重他人批判和质疑的权利。

当代大学生应多思多想,科学质疑,从而引发思考、突破桎梏、求真创新,但也能尊重、接收和理解他人的不同声音。

2. 法律的约束(树立正确的法律意识)

【对应知识点】约束与约束力

【思政元素案例】法律的约束

2020年初,正值庚子鼠年农历春节,在这本该阖家团圆、喜迎新春之际,中国却打响了一场没有硝烟的"战疫"。疫情以迅雷不及掩耳之势迅速扩散至全国,截至2020年4月26日24时,全国累计报告确诊病例84 338例,累计治愈出院78 466例,累计死亡病例4 642例。这一组组触目惊心的数字,无不昭示着这场"战疫"的艰巨。可顽强勇敢的中华儿女又岂会就此认输?数以万计的口罩、防护服从世界各地捐往武汉,42 000多名全国各地的医护人员驰援湖北,建筑工人夜以继日,火神山、雷神山两所医院仅用时10天就拔地而起……这一桩桩一件件,无不彰显了中国对这场"战疫"的必胜信念!

可就在这样举国上下同心抗疫的紧要关头,却总有那么一小撮人,无视规定,枉顾法纪。有人躲藏在车后备厢里从疫区"偷渡",有人倒卖社会捐赠物资、哄抬物价、制假贩假大发不义之财,有人瞒报行踪拒绝隔离传播病毒害人害己,有人强行闯卡辱骂殴打志愿者,有人只因在隔离点没喝到矿泉水就对工作人员肆意辱骂……一场疫情,既让我们感动于身边负重前行的"逆行者",也让我们唾弃于这些自私自利的社会"毒瘤""毒王"。

然而,这些"毒王"的行为,在一些西方国家眼中,却成了"香饽悖"，成了他们攻讦中国政府的舆论武器。这些西方国家无视14亿人防疫努力，无视他人生命安全，无视他人死活，这难道就是所谓的"自由"？

【案例分析】

到底什么是"自由"？什么又才是"约束"？为什么有人奉献牺牲，负重逆行？又为什么有人枉顾法纪，知法犯法？为了不让前线英雄的血泪白流，为了让恶言恶行得到应有的惩罚，为了不被所谓的"西方民主自由观"混淆视听，就需要我们进一步了解和"约束"的力量，理解"自由"与"约束"的真谛。

【育人功效】

通过今天的学习，我们进一步了解了主动力和约束力，它们是不是像极了犯罪违法行为与法律约束的关系？犯罪违法是因，而法律制裁就是果，先有因，再有果；无犯法，不违法；无主动，不约束。切不可心存侥幸，谁若枉顾法纪，背道而驰，必将会自食恶果，受到法律最严厉的制裁。

作为当代大学生，我们应在今后的学习生活中，应当更注重增强法律意识，加强普法学习，同时更要加强内在约束力——提升道德修养。也不能总是依赖外力约束，也要寻求内在升华。公民法律素养的高低，是衡量一个国家、一个民族、一个社会文明程度的标准之一。我国高校大学生法律素养如何，将直接影响当前和未来一个阶段我们的法治建设，影响整个社会的协调发展。

3. 故宫的榫卯结构（传承优秀传统文化/古代文明）

【对应知识点】空间力系的平衡

【思政元素案例】故宫屹立千年不倒的秘密——榫卯结构

北京故宫（图5-1）是中国明清两代的皇家宫殿，旧称为紫禁城，是中国古代宫廷建筑之精华，被誉为"世界五大宫之首"（北京故宫、法国凡尔赛宫、英国白金汉宫、美国白宫、俄罗斯克里姆林宫），也是世界上现存规模最大、保存最为完整的木质结构古建筑之一。

（a）故宫　　　　　　　　　（b）榫卯与斗拱

图 5-1　故宫与榫卯

除了深厚的历史意义和艺术价值，故宫在建筑史上也留下了浓墨重彩的一笔。北京故宫始建于明成祖永乐四年（1406 年），曾居住过 24 位皇帝。无论朝代如何更迭，故宫却依然挺立。谈及其中的奥妙，就不得不提到中国古建筑中一个凝聚了匠人智慧的重要发明——榫卯结构。故宫绝不是一路风平浪静、安安稳稳地保存至今的，光是地震就经历过大大小小 200 多次。小小的榫卯，又是如何做到让如此庞大的空间结构，保持了上千年的平衡稳固呢？每年的 6、7 月份，都是北京的雨季，大雨倾城会导致故宫积水严重。总之，自然灾害年年有，但故宫依然健在。这偌大的紫禁城仿佛历史的见证者，600 年风风雨雨，600 年历史情仇，见证了中华民族的历史兴衰，也将继续见证中华民族的伟大复兴！

今天，就让我们来走近故宫，走近它背后屹立千年不倒的秘密——空间力系的平衡。

【案例分析】

中国榫卯起源于距今约 7 000 年前，其历史的悠久甚至超过了汉字。它是古代中国建筑、家具及很多器械的主要结构方式，是在两个构件上采用凹凸部位相结合的一种连接方式。

我们经常看到凸出来的那一部分就是榫（或叫榫头），而凹进去的部分就叫卯（或叫榫眼、榫槽），这样就形成了一个完整的榫卯结构（图 5-2）。其特点是不使用钉子，用卯榫就能加固物件，还可限制木件向各个方向的扭动。相比之下，铁钉连接的家具就做不到如此灵活。在古代，榫卯是木匠必须具备的基本技能，榫卯使用得当，两块木结构之间才能严密扣合，构件之间，完全不用金属钉子，全凭榫卯就可以做到上下、左右、粗细斜直连接合理，面面俱到，达到"天衣无缝"的程度。工匠手艺的高低，通过榫卯的结构就能清楚地反映出来。

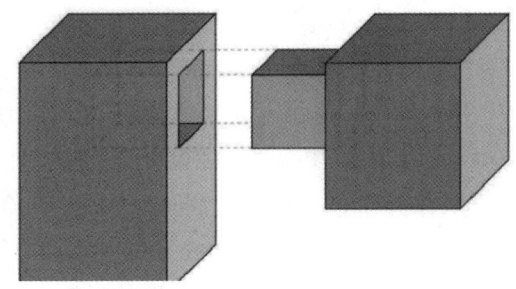

图 5-2　榫卯结构

更重要的是，金属容易锈蚀或氧化，许多用榫卯工艺制作的明式家具虽已距今百年但木质仍坚硬如初。当初如果用铁钉组合这样的家具，随着金属的锈蚀、老化等因素，几十年后家具就会散架，更别提传到现在了。可以说榫卯工艺是传统木作最重要的设计语言，其结构精细、样式繁杂、结构稳固（空间力系的平衡）。

【育人功效】

榫卯是我国劳动人民智慧的结晶，透露着儒家思想的平和中庸，又闪耀着道家思想的光辉。榫卯结构也深刻影响着中国人的思想，《楚辞》中就曾以方枘圆凿作比，来比喻双方意见不合，不能相容。

中国榫卯工艺是媲美京剧的国粹，不仅外形精致优美，而且遵循力学原理，实用性极强，不易锈蚀又方便拆卸。没有榫卯，屹立于世界建筑之林的中国传统木建筑就无从说起。在 7 000 多年的发展中，榫卯这种古老的工艺曾应用于各种领域。现今，生活在钢筋水泥世界中的我们，是会让榫卯这项传统技艺淹没于历史长河？抑或是通过认真学习，让这项古老的技艺，重新焕发出时代的生机与活力？选择，就在你们的手中。

4. 非遗明珠：达瓦孜（不断挑战难度和高度的精神）

【对应知识点】重心、质心与形心
【思政元素案例】非遗明珠：达瓦孜

"达瓦孜"是维吾尔族一种古老的传统杂技表演艺术，传承至今已有2 000多年的历史。"达瓦孜"是维吾尔语"高空走索"的意思，表演者在不系保险带的情况下，手持平衡杆，在数十米的露天高空绳索上保持平衡，前后走动，配合着维吾尔族民间乐曲，进行一系列惊心动魄的杂耍技艺表演，如盘腿端坐、蒙眼行走、顶碗、骑独轮车、飞身跳跃等。整个表演难度系数极高，带给观众惊险刺激的感官享受。2006年达瓦孜被国务院列入第一批国家级非物质文化遗产名录。

在数十米的高空绳索上，达瓦孜表演者是如何保持平衡的吗？他们是如何克服高空摇晃的呢？

【案例分析】

可以发现达瓦孜表演者保持高空平衡的秘密"武器"，没错，就是那根平衡杆。顾名思义，就是帮助达瓦孜表演者起到保持平衡的作用的调节杆。

想要在钢丝上保持稳定不晃，重心一定要稳。重心的作用线要时刻与钢索垂直，否则表演者就会从钢丝上掉落。但在几十米的高空中，轻微的风吹都会给钢索带来巨大的摇晃，仅靠人身的自重和控制，根本无法完成调节。这时，平衡杆就派上用场了，它不仅可以帮助表演者增加自重，使其重心下压，不会被轻易晃倒，且其6米的杆长，表演者可随时调整握持时的左右力臂长度，以起到调节形心，继而调整重心的作用。这也是达瓦孜表演最惊心动魄的地方之所在，表演全程无保护，一旦失衡，后果不堪设想。可以说，这根平衡杆就是达瓦孜表演者在钢索上的唯一的"武器"。

【育人功效】

正是因达瓦孜表演的难度系数之高，危险系数之高，每一名达瓦孜表演者都要经过十数年的练习，方能登台演出。真真可谓"台上一分钟，台下十年功"。阿迪力·牙森是达瓦孜的传承人，他从2岁半起就开始接受达瓦孜训练，3岁就曾打破了最小年龄高空蒙眼倒走钢丝的吉尼斯世界纪录。钢丝下，18岁的阿迪力跟所有年轻小伙子一样，也有自己的爱好，他喜欢吉他和游泳，但依然保持着每天12个小时的强度训练，训练的苦和累都已是家常便饭。阿迪力说，走钢丝这么多年，经历过最大的困难，就是除了要进行正常的表演，还要忍受长时间的寂寞。但他从未想过放弃，坚韧不仅是这门技艺的要求，更是他想要成长为优秀传承者的必经之路。最终，他完成了超越自我的挑战。16岁时，阿迪力还成功完成了高空生存80天的极限挑战，并一举创造"连续80天累计走钢丝时间之最"和"钢丝上座椅站立平衡时间之最"两项"大世界吉尼斯之最"。

5. 茅以升炸桥（保护历史文化遗产）

【对应知识点】材料力学的基本概念

【思政元素案例】茅以升炸桥

1937年这一年，世界上有两座著名的桥梁在建造当中，它们就是美国的旧金山金门大桥和中国的钱塘江大桥。1937年5月28日，金门大桥竣工，而同年的7月7日，日本军国主义者就制造了"卢沟桥事变"，向中国发动了全面侵略战争。茅以升就是在这样的情况下，主持修筑起了第一座由中国人自己修建的钢铁大桥——钱塘江大桥。大桥的开通，确保可以将大批军火物资源源不断地运往抗战前线。但在12月23日，日军攻打杭州，"如果杭州不保，钱塘江大桥就等于是给日本人造的了！"南京政府的文件如是说道。

"父亲此时经历着一生中最痛苦的时刻，'七七事变'后他在14号桥墩已经预留了一个大洞，就是为了炸桥时放置炸药的。但没想到，这一天不但真的来了，而且来得如此之快。他很快冷静下来，将钱塘江大桥的所有致命点一一标识出来。"茅以升的小女儿茅玉麟回忆道。

当天晚上，所有的炸药就安放到了南岸第二个桥墩内和五孔钢梁的杆件上，100多根引线，从引爆点一个个连接到指挥屋里，茅以升怀着悲愤下令炸桥。随着一声巨响，这条1 453米的卧江长龙被从六处截断（图5-3），这座集合了茅以升和建桥工人们无与伦比爱国热情和极大智慧，历经了925天夜以继日紧张施工，耗资160万美元的现代化大桥，仅仅存在了89天。

今天，我们站在材料力学的角度回看这段血泪史，为什么当年中国迟迟没能建造出自己的钢结构大桥，以致在中国的大川大河上，林立的都些德国、美国建造的桥？技术难度在哪里？埋炸药的时候，为什么要埋在那几个指定点？几个点的破坏就能引起整座大桥的垮塌？

图 5-3　炸毁的钱塘江大桥

【案例分析】

钱塘江大桥位于浙江省杭州市的钱塘江上，由桥梁专家茅以升主持设计，是中国自行设计、建造的第一座双层铁路、公路两用桥。横贯钱塘江南北，是连接沪杭甬铁路、浙赣铁路的交通要道。1937年9月26日建成，同年12月23日为阻断日军从浙北南下而炸毁。钱塘江大桥炸毁的这一天晚上，茅以升在书桌前写下了八个字："抗战必胜，此桥必复"。抗战胜利后，茅以升受命组织修复大桥，涅槃重生的钱塘江大桥又重新飞跨在波涛之上（图5-4）。到2020年，钱塘江大桥已经"83岁"了，大桥的强度、刚度、稳定性都经受住了时间的考验，被网民热捧为"桥坚强"。

图 5-4　钱塘江大桥

【育人功效】

回想当年修筑时，茅以升要所面临的不仅是外界的质疑，要证明中国人有智慧有能力建造现代化大桥，同时还要面对险恶的自然环境。钱塘江又称钱江，地处入海口，潮水江流，汹涌澎湃，风波甚为险恶，其潮头壁立的钱江潮与随水流变迁无定的泥沙是建桥的两大难题。茅以升在造桥过程中，克服了许许多多的困难，他曾采用"射水法""沉箱法""浮运法"等，解决了建桥中的一个个技术难题，保证了大桥工程的进展。他以工程为学校，现场实地教学，参与修建的年轻工程师后来都成长为新中国桥梁建设的中流砥柱。

茅以升自己也曾在多年后回忆："自 1919 年 12 月，我归国为社会服务，在几十年的征程中，我所做的工作最引人注目的就是主持建造钱塘江大桥工程。"

钱塘江大桥建成于抗日烽火之中，它不仅在中华民族抗击外来侵略者的斗争中书写了可歌可泣的一页，也是我国桥梁建筑史上的一座里程碑，同时它也是我国桥梁工程师的摇篮。2018 年，大桥入选我国第一批工业遗产保护名录。

6. 起重机吊耳断裂 载荷坠落造成伤亡
（严谨求实/安全意识）

【对应知识点】轴向拉压杆的强度计算

【思政元素案例】起重机吊耳断裂 载荷坠落造成伤亡

该事件发生于1993年12月16日9时58分，上海市逸仙路2601号的东海船舶造船厂。当时正在建造一艘80客位的交通艇。当起重机的起重指挥挂钩工朱某受指派，指挥两台起重机合理起吊该艇604分段，同步由南至北向80客位交通艇主船体吊移，行进了49米，在越过船台上一艘正在建造的596千瓦拖轮时，一侧挂钢丝绳索的吊攀（吊耳）却突然断裂，致使604分段倾斜坠落，砸在596千瓦拖轮上（图5-5），将正在作业的船体装配工人虞某当场砸伤死亡，另一名工人宋某被砸成重伤造成多处骨折。该事故直接经济损失6万元。

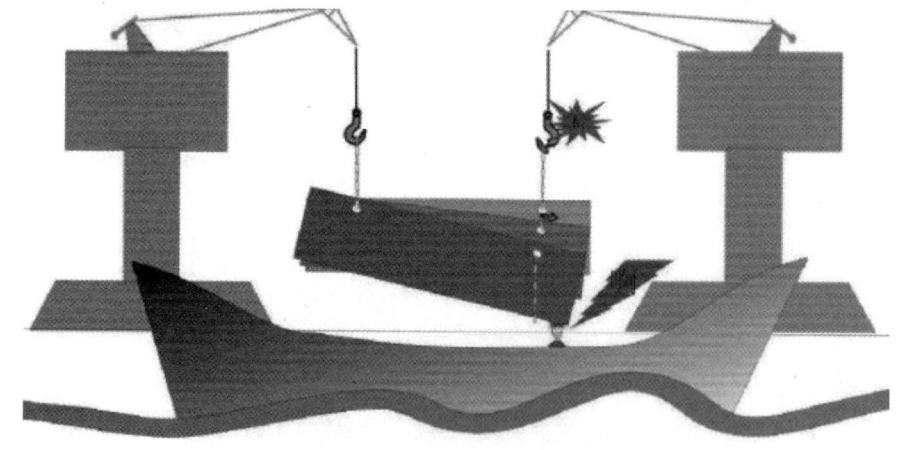

图 5-5 事故模拟现场图

【案例分析】

事后调查发现，出现该事故是由于以下原因导致：

起重机指挥人员违章指挥，起重机司机违章操作，即起重机在吊运作业过程中，未严格执行吊物不准在人头上方通过的安全规定，没有在吊运至拖轮上方之前，用连续鸣铃等方式将吊运作业区的人员加以"疏散"。

调查发现，吊耳是选用 8.5 mm 厚的钢板制作并装配的，未对其进行拉力、剪力、焊缝强度等方面的科学计算和测试，就盲目使用。另外，其吊耳制作粗糙，装配不良，有明显曲线，同时检查也不仔细，对不符合安全要求的吊耳，未将其发现并予以更换。

吊耳断裂后经东海厂设计工艺所对该吊耳实测数据计算，在分段吊运中，该吊耳其危险截面所受的最大力大大超过了材料的强度极限，因强度不够引起断裂。

受害人缺乏自我保护意识，在起重机吊运时没有远离起重作业危险区。

【育人功效】

"工匠精神"一词，最早出自著名企业家、教育家聂圣哲。2016 年，李克强总理在政府工作报告中进一步明确指出，"要鼓励企业开展个性化定制、柔性化生产，培育精益求精的工匠精神"。

对于什么是工匠精神，大家或多或少有自己的理解。"工匠精神"的外壳是对工程对技艺的不断追求、精益求精，而其更深层次的内核，是"匠者仁心"，是对工艺、对工作的安全、责任、使命、担当与传承。

在造船厂案例中的作业人员，明显就缺乏了这样的"工匠精神"。自制吊具等其他工业设备必须经过科学计算、相关测试，经严格鉴定后方可使用，不能仅凭经验从事具有危险性的工作。要做到事无巨细，必须养成严谨的工作态度。同时，起重机下面作业人员也应随时注意自我保护、远离危险区，不可心存侥幸。重视安全，就是珍视生命。最后，作业人员必须严格遵守各自的安全操作规程，注重团队配合。"工程无小事"，哪怕只是些看起来不经意的细节，疏忽不注意也会给我们带来血的教训！

7. 重庆地铁"成长日记"
（装备制造业的快速崛起/国力强盛）

【对应知识点】圆轴的扭转

【思政元素案例】重庆地铁"成长日记"

重庆，位于中国西南部，是我国最年轻的直辖市。因其多山的地貌，又被称为"山城"。近年来，由于抖音、快手等短视频平台的推荐，"地铁穿房子""洪崖洞"等奇景迅速引起网民热议，成为近期炙手可热的"网红打卡胜地"。又因城市依山傍水，地貌高低错落，完全不同于平原地区的城市，而被网友们亲切地称为"3D城市"。

但时光回溯至20年前，重庆可绝不是现在这样的。多山环江的地貌，极大地阻碍了人们出行。那时，过江要靠索道，过山要绕盘山路，上下班的早晚高峰更是令人头大，哪里还有心情去欣赏山水风景。是什么让一座"交通困难户"变成了现在的"网红城市"呢？是交通。1997年6月，重庆成立中央直辖市以来，大力发展城市交通建设。"要想富，先修路"，这话真是放在哪里都没错。过江，我们要建桥，直至今天，重庆现有各类桥梁4 500多座，被茅以升桥梁委员会认定为中国唯一的"桥都"。过山，我们不仅要修隧道，还要修地铁。自2005年6月18日第一条轨道交通线路开通以来，截至2020年年底重庆已开通9条线路，轨道交通总里程数343.3千米，位列全国第八。其实何止是重庆，我国的其他城市也都在大力发展轨道交通建设。中国，已经是名副其实的"地铁王国"，一座座城市的地下，铺设了运力巨大的地铁网络，为缓解城市交通压力和保证人民出行便利发挥着巨大的作用。

可地铁线路是怎么修建的呢？工人们又是如何在挖掘过程中保证山体不塌的呢？就让我们请出今天的主角，被誉为"工程机械之王"——盾构机（图5-6），看看它是如何"疯狂"扭转，开山掘路的吧！

【案例分析】

落后就要挨打，发展才能强大，这是近代史以来中国得到最大的启示。因此，自1949年以来，我国一直不断提高综合国力，在军事、通信、民生、经济等各领域层面都取得了突破性的进展。但这突破，来得有多不易，只有我们自己心里才知道。

就拿盾构机来说，盾构机又被称作"工程机械之王"，其技术水平是衡量一个国家地下施工装备制造水平的重要标志。西方国家的三巨头（德国的海瑞克及维尔特、美国的罗宾斯和日本的三菱重工）常年将盾构机的制造技术垄断，且只租不卖。我国租用一台进口盾构机要花3亿元，每一次设备故障，都只能请"洋工"从国外来检查且维修也要拉警戒线，中方人员不得入内！没有自主研发的盾构机，中国地铁、铁路、隧道等建设项目就永远掣肘于人！

这绝不是中国制造第一次被"卡脖子"，在科技领域，从来就没有什么相同的起跑线。可中国人最不缺的就是干劲，我们硬是从当初的一张图纸都没有，到今天国产盾构机稳占90%的国内市场与2/3的国际市场份额。随着"一带一路"倡议的推进，国产盾构机这一大国重器，正继"中国高铁"之后，成为中国高端智能制造装备"走出去"的又一张"金名片"。

（a）作业现场

（b）盾构机

图 5-6 盾构机

2019年8月7日，有五六层楼高、直径11米的大直径盾构机"胜利号"即将完成最后的组装，并于8月底验收后运往俄罗斯莫斯科，这是我国大直径盾构机首次出口欧洲。开挖直径达10.88米，装机功率6 000千瓦，总质量1 700吨，是名副其实的地下"巨无霸"。其工作原理就是在隧道中用顶端刀盘将石块、土层切削，再用螺旋机将泥土抽出至皮带上再运出，最后组装事先制作好的管片，用以支撑隧道防止坍塌。进而铺轨电缆、通信等设施，最后就成了地铁、隧道等。一台好的盾构机就要"吃得进，稳得住，吐得出"，我们的核心竞争力就是全部技术国产化，使盾构机从"中国制造"向"中国创造"迈进。

【育人功效】

科技发展从没有捷径，所有的辉煌背后，是每一位科研人员的心血，是无数个日夜的咬牙坚持，换来了一项项科技自立。

8. 世界第一拱桥——重庆朝天门长江大桥
（中国速度/民族自豪感）

【对应知识点】 直梁弯曲的应力与强度

【思政元素案例】 世界第一拱桥——重庆朝天门长江大桥

重庆朝天门长江大桥（图5-7）是世界上最大跨度的拱桥，其建筑造型美观，结构受力明确，交通功能强大，景观效果显著。

大桥设计方案名为"城市之门"，规划之初即被定位为江上城市之门，突出景观效果；大桥除桥墩外通体红色，设计入水桥墩少，对江面景观破坏小，而且把解放碑和朝天门这两张城市名片也融为一体。船近重庆城，穿过由"解放碑"桥墩和大桥桥面构成的"城市之门"，可见渝中半岛。

图 5-7　重庆朝天门长江大桥

重庆朝天门长江大桥全长1 741米,包括主桥和南、北两侧引桥。其中主桥长932米,采用(190+552+190)米的三跨连续中承式连续钢桁系杆拱桥。北引桥长314米,南引桥长495米,均为预应力混凝土连续箱梁桥。双层桥面,上层桥面总宽36米,布置六车道和两侧人行道,设计行车速度60千米/时。下层中间布置双线城市轨道交通,两侧各预留一个宽7米的汽车车行道,设计行车速度80~100千米/时。

上层系杆采用"H"形断面,下层系杆采用主桥为"王"形断面+辅助系索的组合结构,钢结构系杆端部与拱肋下弦节点相连接,下层辅助系索锚固于系杆端节点处。设置辅助系索的目的在于降低下层钢结构系杆杆力,使杆件设计尺寸及板厚控制在适当范围之内,减少用钢量。大桥的建设推动了多个科研及技术创新,截至2018年12月,大桥创造了两项世界第一:第一项是主跨552米为世界已建成的跨度最大的拱桥;第二项是主桥中支点支座采用了145 000千牛的球形抗震支座,是已建成世界同类桥型承载力最大的球形支座。

重庆朝天门长江大桥于2009年4月29日正式建成通车,2010年12月获第十届"中国土木工程詹天佑奖",2019年入选"改革开放40年百项经典工程"。

【案例分析】

在世界桥梁界流传着这样一句话:20世纪70年代看欧美,90年代看日本,21世纪看中国。几十年来,中国桥在不断刷新着世界桥梁的建设记录。

中国既保留着像赵州桥那样历史悠久的古代桥梁,也在不断建造着刷新世界纪录的公路、铁路新桥、高速公路和高速铁路,桥梁建设尤其引人瞩目,目前我国公路桥梁总数接近80万座,铁路桥梁综述已超过20万座,已成为世界第一桥梁大国。

重庆现有各类桥梁4 500多座。渝都作为山水之城,桥梁对跨越山水起着重要作用,每一次跨越山水都依靠建桥技术的进步与创新。因重庆桥梁数量多、桥梁规模大、桥梁技术水平高、桥梁多样化、桥梁影响力强,2005年被茅以升桥梁委员会该委员会认定中国"桥都"。其桥梁数量和密度远远超过中国其他城市，建设密度和施工难度世所罕见。

【育人功效】

建一座桥，跨山跨海，骄人的记录背后是严谨的测量和精确的计算，是日复一日不断突破技术难关。支撑起超级工厂的绝非只是钢筋和水泥，而是一个国家的经济实力和技术创新。无数的桥梁、道路，正在中国的江河大海上如火如荼的建设着。中国桥，正在成为一张中国的新"名片"。

9. 大坝的形状（民族自豪感/使命感/责任与担当）

【对应知识点】 组合变形的强度计算

【思政元素案例】 大坝的形状

"自三峡七百里中，两岸连山，略无阙处。重岩叠嶂，隐天蔽日，自非亭午夜分，不见曦月……"北魏著名地理学家郦道元的一篇《三峡》，带我们领略了三峡风貌，感叹于大自然的鬼斧神工。1992年，中国有史以来建设最大型的工程项目——三峡水电站获批建设，直至2012年正式投产，装机容量达到2240万千瓦，已成为全世界最大的水力发电站和清洁能源生产基地。

三峡工程主要有三大效益，即防洪、发电和航运，其中防洪被认为是三峡工程最核心的效益。三峡水电站大坝（图5-8）高程185米，蓄水高程175米，水库长2335米，总投资954.6亿元人民币。历史上，长江上游河段及其多条支流频繁发生洪水，每次特大洪水时，宜昌以下的长江荆州河段（荆江）都要采取分洪措施，淹没乡村和农田，以保障武汉的安全。在三峡工程建成后，其巨大库容所提供的调蓄能力将能使下游荆江地区抵御百年一遇的特大洪水，也有助于洞庭湖的治理和荆江堤防的全面修补。

你知道大坝是什么形状的吗？为什么要修成上窄下宽呢？生活中也有很多高楼或高塔，它们是上下均一的形状吗？上窄下宽对工程修筑有怎样的意义呢？那就快来学学看今天的组合变形吧。

图 5-8　三峡大坝

【案例分析】

　　雄伟的三峡大坝屹立于三峡的西陵峡河段，从 1994 年正式动工起，历经 17 年建设，是世界上最大的水利枢纽工程，并为大半个中国提供源源不断的电力，同时具有防洪、航运、水资源利用等综合效益。我们知道水深越深，压强越大，如果大坝修成上下均一的直墙，坝底不仅要承受巨大的自重，还要承受巨大的水压，会产生变形。所以修筑成上窄下宽的梯形，更有利于承受住水深处的压力。水利与民生休戚相关，三峡大坝不只是一座具有多功能多效益的水利枢纽工程，它集中了中华民族的治水文化、水电文化，对国家、对民生和对科技事业都具有重要的意义。它体现了建设者的奉献精神，展现了大国重器的科技含量。这就是"三峡精神"。

　　"三峡工程是我们水利人共同的孩子，获得这个荣誉，是党中央、国务院对三峡工程的肯定，对所有参与建设、维护、运营三峡大坝的人的肯定，感谢大家用行动守护长江，守护三峡。"2019 年 9 月 25 日，被授予"最美奋斗者"称号后，79 岁的中国工程院院士、三峡工程总设计师、水利部长江水利委员会原总工程师郑守仁如是说。

【育人功效】

　　1963 年，郑守仁从华东水利学院河川枢纽及水电站建筑专业毕业，分配到长江委工作，从此一生与水利结缘。54 岁时，郑守仁迎来了他一生最大的挑战——出任长江水利委员会总工程师。三峡工程给郑守仁出了不少难题。1997 年大江截流，水深超出一般特大型工程截流水深的两三倍，而最大的障碍是江底20多米的软淤沙。截流戗堤进占过程中重压会使淤沙挤出，堤头随时可能坍塌。为解决好这一重大隐患，郑守仁查阅文献，反复试验，创造性地提出"人造江底，深水变浅"的设想，并顺利实施。这一设计不仅获国家优秀设计金奖、国家科技进步一等奖，更跻身1997年世界十大科技成就之列。继大江截流之后，郑守仁又带领团队在2002年成功攻克三峡导流明渠截流难题。

郑守仁始终把工程质量看得高于一切。三峡工程重点部位的基础验收，他都在现场，对发现的工程质量问题除向各有关单位反复强调进行处理外，还提出技术处理措施补救，不留隐患。

多年来，郑守仁主持召开三峡工程现场设计讨论会2 500多次，形成会议纪要6 800多万字。由他撰写的现场设计工作简报500多期，400多万字，是一部最真实、详细的三峡工程建设史和备忘录，为确保三峡工程的设计质量和施工质量奠定了坚实基础。

参考文献

[1] 习近平在全国高校思政政治工作会议上强调：把思想政治工作贯穿教育教学全过程　开创我国高等教育事业发展新局面[N]. 人民日报，2016-12-9.

[2] 施剑松，李香云. 北京林业大学：开启"5 分钟思考"课堂思政新模式[N]. 中国教育报，2018-4-17.

[3] 陆道坤. 论课程思政的教学设计与实施[J]. 思想理论教育，2020（10）：16-21.

[4] 楚国清，孙善学. 课程思政"三金"优秀教学设计案例[M]. 北京：首都经济贸易大学出版社，2020.

[5] 韦春北. 财经类课程思政案例教学设计与运用[M]. 北京：经济管理大学出版社，2019.

[6] 薛庆国，臧永. 北京科技大学"课程思政"案例选编[M]. 北京：冶金工业出版社，2020.

[7] 王英龙，曹茂生. 课程思政我们这样设计[M]. 北京：清华大学出版社，2020.

[8] 李俊伟. 医学类专业课程思政教学案例集[M]. 北京：中国中医药出版社，2020.